CLÉMENTINE BEAUVAIS

SUNNY SPYCE

die grandios-geniale Geheimnis-Aufdeckerin

Für meine *Maman chérie*,
die glücklicherweise keine Ähnlichkeit
mit Sunnys hat.

07.06.2017
York

CLÉMENTINE BEAUVAIS

SUNNY SPYCE

Happy reading!

die grandios-geniale
Geheimnis-Aufdeckerin

Aus dem Englischen von Anke Knefel
Illustrationen von Sarah Horne

Clémentine

magellan

CAMBRIDGE
MAGDALENE COLLEGE
JESUS COLLEGE
NORTHAMPTON STREET
BRIDGE ST
ST JOHN'S COLLEGE
JESUS LANE
SIDNEY SUSSEX COLLEGE
MICHAELHOUSE CAFE
PARADE
TRINITY COLLEGE
GONVILLE AND CAIUS COLLEGE
CHRIST'S COLLEGE
CLARE COLLEGE
KING'S
KING'S COLLEGE
CORPUS CHRISTI COLLEGE
ST ANDREW'S ST
KING'S BRIDGE
QUEEN'S COLLEGE
PEMBROKE COLLEGE
DOWNING COLLEGE
DARWIN COLLEGE
FITZWILLIAM MUSEUM
ZUR SCHULE

CHRIST'S COLLEGE

FSC
www.fsc.org
MIX
Papier aus verantwortungsvollen Quellen
FSC® C083411

CPI
Mehr Bäume.
Weniger CO_2.
www.cpibooks.de/klimaneutral

Natürlich magellan©

Säurefreies und chlorfrei gebleichtes FSC®-Papier
Klimaneutral produziert
Dispersionslack auf Wasserbasis
Klebstoff lösungsmittelfrei
Zellophanierfolie ohne Weichmacher
Hergestellt in Deutschland

1. Auflage 2014

Die englische Originalausgabe erschien 2013 unter dem Titel
„*Sesame Seade Mysterys 1 – Sleuth on Skates*“ bei Hodder Children's Books,
a division of Hachette Children's Books, London.

Aus dem Englischen von Anke Knefel
Umschlaggestaltung: Christian Keller
unter Verwendung einer Illustration von Sarah Horne
ISBN 978-3-7348-4002-9

www.magellanverlag.de

I

Niemand wird als grandios geniale Meisterdetektivin geboren. Den Job muss man sich hart erarbeiten, das sage ich euch (ich bin übrigens Sunny Spyce, wie es auf dem Cover steht), und ohne eine professionelle Grundausstattung läuft gar nichts. Dazu gehören erstens ein Paar Rollerskates (lila) und zweitens die folgende einfache Lebensphilosophie: Wozu von Superkräften träumen, wenn dein Gehirn mehr Verknüpfungen hat als das Universum Sterne? Warum fliegen wollen, wenn du laufen und skaten und klettern und schwimmen kannst?

Ach ja, und dann braucht man natürlich auch noch ein Geheimnis, das man aufdecken kann. Und ich kann euch sagen, davon gibt es längst nicht so viele wie Rollerskates und Lebensphilosophien. Und da, wo ich wohne, schon gar nicht. Cambridge ist nämlich nur eine Kleinstadt mit einer Universität und der wahrscheinlich langweiligste Ort in ganz England (auch wenn ich zugeben muss, dass ich noch nicht absolut überall war).

Doch endlich, nachdem ich elf Jahre, fünf Monate und siebzehn Tage darauf gewartet hatte, fiel mir an einem grandiosen Sonntagnachmittag das erste aufzudeckende Geheimnis plötzlich in den Schoß, beziehungsweise kam direkt in unseren Garten spaziert – und so wurde aus mir die grandios genialste Meisterdetektivin von Cambridge.

Dabei sah es ganz danach aus, als würde es mal wieder ein stinknormaler Sonntagnachmittag werden. An einem stinknormalen Sonntagnachmittag haben meine Eltern alle Zeit der Welt, um sich gegenseitig die merkwürdigsten Fragen über mich zu stellen.

„Ich weiß beim besten Willen nicht“, sagte Professor Spyce (meine Mutter), „ob das ungewöhnlich schlechte Benehmen unserer Tochter angeboren ist oder auf irgendein Versäumnis unsererseits zurückzuführen.“

„Kein Kind ist von Natur aus schlecht, Liebste“, sagte Pastor Spyce (mein Vater), „ich fürchte, wir haben irgendetwas falsch gemacht.“

Beide sahen zu mir hinauf. Hinauf, weil ich auf einem Baum saß.

„Was machst du da oben, Sophie?“

Leider bilden meine Eltern sich ein, dass ihre Tochter Sophie Margaret Catriona Spyce heißt, was sich kein Mensch merken kann. Nennt mich einfach Sunny.

„Ich spiele mit Kater Mortimer und meinem Fernglas.“

„Du sollst doch nicht in Studentenzimmer schauen, das gehört sich nicht.“

„Ich schaue nie in Studentenzimmer, Mum. Das ist entweder langweilig oder ekelhaft.“

Mitten unter Studenten zu leben, ist nicht gerade einfach, aber da wir in einem College wohnen, bleibt mir nichts anderes übrig. Colleges sind hier in Cambridge übrigens die Gebäude, in denen die Studenten aufbewahrt werden. Da drin schlafen, essen und arbeiten sie und produzieren dabei jede Menge übler Geräusche und Gerüche.

Dass ich in einem College wohnen muss, habe ich meinen Eltern zu verdanken: Meine Mum ist Rektorin vom Christ's College hier in Cambridge. Damit ist sie so etwas wie die örtliche Queen. Und damit bin ich so etwas wie die örtliche Prinzessin. Immerhin eine Sache, die ich von meiner To-do-Liste streichen kann. Dad könnte sich damit begnügen, einfach nur Prinzgemahl zu sein, aber er arbeitet lieber als College-Seelsorger.

„Baum an Erde, Baum an Erde! Achtung, Achtung! Kater Mortimer bereit zum Absprung!“

Natürlich hörten sie mir mal wieder überhaupt nicht zu.

„Hallo, Erde, bitte kommen! Kater Mortimer im Absprung-Modus, die Lage ist ernst!“

Sie hörten immer noch nicht.

„Hier kommt Kater Mortimer, Konrad-Alpha-Tango-Emil-Richard! Aufprall erwartet in drei-zwei-eins …“

Sie hätten auf mich hören sollen. Kater Mortimer landete direkt auf Dads Kopf. Von unten ertönte ein lauter Schmerzensschrei.

„Schon wieder dieser Kater!“, schimpfte Dad. „Ich werde ihm die verdammten Krallen rausreißen lassen!“

„Vergiss nicht, dass jede einzelne dieser verdammten Krallen vom lieben Gott höchstpersönlich geschaffen wurde!“, erinnerte ich ihn.

„Das Problem mit Sophie ist, dass sie ein manipulativer kleiner Sokrates ist“, seufzte Mum.

Die Lieblingssätze meiner Eltern sind alle nach demselben Muster gestrickt:

1. *Seufzer*
2. *„Das Problem mit Sophie ist, dass sie ein“*
3. *negatives Wort*
4. *„kleiner“*
5. *rätselhafter Name*
6. *„ist.“*

Alle Jubeljahre einmal schenken sie mir ein:

1. *Lächeln*
2. *„Das Gute an Sophie ist, dass sie ein“*
3. *positives Wort*
4. *„kleiner“*
5. *rätselhafter Name*
6. *„ist.“*

„Hau ab, Pummel! Ab ins Haus!“, sagte Dad.

Leider bilden meine Eltern sich ein, dass Kater Mortimer Pummel heißt. Dabei ist es doch einfach nicht fair, jemanden nach einem Gewichtsproblem zu benennen. Verständlicherweise verachtet Kater

Mortimer Mum und Dad, und er bringt seine negative Haltung ihnen gegenüber dadurch zum Ausdruck, dass er ständig tote Sachen anschleppt. Wie auch jetzt.

„Oh nein, nicht schon wieder! Pummel, kannst du die armen Mäuse nicht endlich in Frieden lassen?"

„Was für eine Ironie, Mum!"

Meine Mutter schlachtet pro Tag mindestens zwanzig Mäuse ab. Sie ist Professorin für Therapeutik, das bedeutet, sie macht Labormäuse krank und probiert dann aus, ob sie sie mit irgendeiner Therapie heilen kann, was allerdings meistens nicht funktioniert.

„Woher weiß das Kind, was Ironie ist?", fragte Dad.

„Weiß der Himmel, wo sie das herhat, wahrscheinlich von einem der Studenten."

Das soll jetzt kein Eigenlob sein, aber ich habe eine Vorliebe für gehobene Terminologie, also für schwierige Wörter.

„Ich habe eine Theorie über Kater Mortimers Jagdleidenschaft", sagte ich.

„Na, jetzt bin ich aber gespannt", knurrte Mum.

„Es handelt sich nur um ein Missverständnis. Jedes Mal wenn Dad ‚Lasst uns beten' sagt, versteht Kater Mortimer ‚Lasst uns töten'."

Natürlich musste ich ihnen erst erklären, dass Katzen von Natur aus nur das hören, was sie hören wollen.

Dad seufzte. „Das Problem mit Sophie ist, dass sie ein unverschämter kleiner Ketzer ist.“

Ihr solltet jetzt aber nicht denken, dass meine Eltern kein Interesse an mir haben. Durch mein Fernglas konnte ich sehen, dass meine Mutter gerade in der Sonntagszeitung einen Artikel mit der Überschrift „Freud und Leid von Ein-Kind-Familien“ las und schon ein paar Stellen mit Bleistift eingekreist hatte.

„Baum an Erde! Baum an Erde! Erde, kannst du mich hören?“

„Um Himmels willen, was ist denn jetzt schon wieder? Kann man nicht mal am Sonntag seine Ruhe haben?“

„Pförtner im Anmarsch! Kollision mit Gartentor in drei-zwei-eins …“

Klopf-klopf!

Mum erhob sich seufzend, faltete ihre Zeitung zusammen und ging durch den Garten, um das kleine grüne Tor zu öffnen, hinter dem Todd, der Pförtner, wartete. Pförtner sind so etwas wie die guten Geister von einem College. Sie wissen einfach alles, was in dem Gebäude und bei den Studenten vor sich geht, und glaubt mir, besonders Letzteres will man lieber nicht so genau wissen.

„Hallo, Todd“, sagte Mum. „Kommen Sie doch herein. Alles in Ordnung?“

„Nein, leider nicht“, antwortete Todd und trat in unseren Garten. „Erinnern Sie sich an die Studentin, über die wir heute Morgen sprachen?“

„Gütiger Himmel, ist sie immer noch nicht wieder aufgetaucht?“

„Wir dachten, sie wäre vielleicht überstürzt nach Hause gefahren, aber gerade haben wir mit ihren Eltern gesprochen – dort ist sie nicht.“

„Wer ist verschwunden?“, fragte ich.

„Oh, hallo, Sunny. Hab dich da oben gar nicht gesehen.“

„Hallo, Todd! Wer ist verschwunden?“, fragte ich etwas lauter, weil offenbar alle plötzlich etwas schwerhörig geworden waren. Durch mein Fernglas konnte ich sehen, wie Todd zu Mum schaute, die zu Dad schaute, der zu mir schaute.

„Schrei nicht so“, sagte Mum. „Eine unserer Studentinnen ist verschwunden. Todd, ich denke, es wird Zeit, die Polizei einzuschalten. Sicher ist es nichts Ernstes, aber wir dürfen kein Risiko eingehen."

„Wer ist es denn? Vielleicht kann ich sie durch mein Fernglas aufspüren. Vielleicht sitzt sie irgendwo auf einem Dach fest und kommt nicht wieder runter."

(Wie Edmund Sutton letztes Jahr. Einen ganzen Freitag lang hatte er wie Robinson Crusoe auf einem Dach festgesessen.)

„Ihr Name ist Jenna Jenkins", sagte Todd.

Sofort suchte ich mit meinem Fernglas rundherum alle Dächer nach jemandem ab, der nach einer Jenna Jenkins aussah. Leider ohne Erfolg.

„Dach-Hypothese überprüft. Negativ", verkündete ich.

Von unten kam keine Antwort. Dad war im Haus verschwunden, um sich das Blut von der Glatze zu waschen. Mum und Todd hatten sich auf den Weg zur Pförtnerloge am College-Eingang gemacht. Von dort scannt der Pförtner mit seinem Laserblick jeden, der an ihm vorbeikommt, und passt auf, dass nur Studenten oder harmlose Touristen das Gelände betreten (und keine Kettensägen-schwingenden Serienmörder). Kater Mortimer hatte sich anscheinend ins Haus verzogen. Und das war auch gut so, denn auf der Wiese war gerade eine schwanger aussehende Ente aufgetaucht, die den kleinen Bach am anderen Ende des Gartens beäugte. Schnell kletterte ich vom Baum und lief ins Haus.

„Da ist eine schwangere Ente in unserem Garten!“

„Enten werden nicht schwanger, mein Schatz, sie legen Eier.“

„Aber sie sollte lieber nicht hierbleiben; Kater Mortimer wird Hackfleisch aus ihr machen.“

„Sophie! Nicht mit Rollschuhen ins Haus!“

„Zu spät, jetzt hab ich sie schon an. Dad, kanntest du Jenna Jenkins?“

„Nur flüchtig. Meine Güte, pass auf, du wirst noch etwas kaputtfahren!“

„Weiß man, ob sie irgendwelche Feinde hatte?“

„Nein. Und bitte versuch gar nicht erst, Sherlock Holmes zu spielen. Die Polizei wird sich schon darum kümmern. Pass doch auf, Sophie, das ist zerbrechlich! Hast du eigentlich deine Hausaufgaben schon gemacht?“

„Das hier ist meine Hausaufgabe.“

„Was, den Wohnzimmerteppich zu misshandeln?“

„Nein, etwas über die Welt zu lernen. Darum geht

es in der Schule, sagt der Direktor. Tschüs, Hochwürden!“

„Wo willst du hin?“

„Zu meiner Trainingsstrecke. Skaten.“

Der Plattenweg rund um die große, runde Rasenfläche im ersten Hof des Christ’s College ist eine super Rennstrecke. Außerdem hallt es dort wie in einem Kellergewölbe. Beste Voraussetzungen für meine Lieblings-Sonntagsbeschäftigung. (Aber das muss Dad nicht wissen.)

„Hi, Sunny! Genießt du das Wochenende?“

Fiona Lumley ist eine meiner besten Freundinnen unter den Studenten. Normalerweise versuche ich ja, die nicht zu sehr ins Herz zu schließen, denn genau wie Kaninchen hat man höchstens drei oder vier Jahre was davon. Aber Fiona ist Medizinstudentin und die brauchen immer etwas länger, deshalb habe ich mir erlaubt, sie ein bisschen mehr ins Herz zu schließen. Mit Studenten befreundet zu sein, ist, wie große Geschwister zu adoptieren, schätze ich mal, nur dass man sich nicht so leicht in ihr Zimmer schleichen und heimlich in ihrem Tagebuch lesen kann. Es sei denn, man weiß, wo man die Schlüssel bekommt.

Ich machte eine Vollbremsung. „Nicht wirklich, ich mag Sonntage nicht besonders, weil sie in der Regel einen Montag nach sich ziehen“, antwortete ich. „Es sei denn, etwas Aufregendes passiert: Hast du schon von dem rätselhaften Verschwinden von Jenna Jenkins gehört?“

Fiona runzelte die Stirn und kämmte ihre Haare mit den Fingern. „Ja, hab ich. Ich kenne Jenna zwar nicht besonders gut, aber mir scheint die Sache ernster zu sein, als sie nach außen hin zugeben wollen. Seit zwei Tagen ist sie jetzt schon verschwunden. Am Anfang haben alle gedacht, sie wäre nur nach Hause gefahren. Aber dort ist sie anscheinend auch nicht.“

„Es sei denn, sie wäre nach Hause gefahren und ihre Eltern hätten sie in die Sklaverei verkauft.“

„Das bezweifle ich. Es ist wirklich merkwürdig, zumal sie dieses Jahr bei der Aufführung von *Schwanensee* die Hauptrolle tanzen sollte. Schon seit Wochen hat sie über nichts anderes mehr geredet.“

„Vielleicht hat eine Rivalin sie in kleine Stücke geschnitten wie eine Aubergine für ein Ratatouille und sie dann in die Fluten des Cam geworfen“, sagte ich (scherzhaft).

„Allmählich müssen wir wohl davon ausgehen, dass ihr etwas Schlimmes zugestoßen ist“, sagte Fiona (überhaupt nicht scherzhaft).

„Weißt du, ob sie Feinde hatte?“

„Jede Menge“, erwiderte Fiona. „Abgesehen davon, dass sie im Ballett tanzt, ist sie seit zwei Semestern Chefredakteurin vom *UniBlatt*, dieser Studentenzeitung, und dabei hat sie sich nicht gerade viele Freunde gemacht.“

II

Allerliebste Mummy, Licht meines Lebens, darf ich einen Spaziergang machen?“

„Nein.“

„Allerbester Daddy, Feuer meines Herzens, darf ich einen Spaziergang machen?“

„Um Himmels willen, Sophie, wo hast du denn diesen Ausdruck aufgeschnappt? Und nein, du wirst keinen Spaziergang machen. Es ist neun Uhr, du solltest längst im Bett sein.“

Wann begreifen sie endlich, dass ich auf den Namen Sophie noch nie gehört habe? Ruck, zuck, war ich draußen. Mein Schlafzimmerfenster liegt direkt über der kleinen Terrasse, wo sich der große Baum ans Haus lehnt, als würde er sich auf seinen Ellbogen stützen. Ich rutschte am Stamm hinunter und landete in einem Büschel Tulpen. Die schwangere Ente war immer noch da.

„Bist du wahnsinnig? Du solltest lieber schnell von hier verschwinden. Kater Mortimer wird dich in Stücke reißen und jeden einzelnen Knochen deiner kleinen Entlein verputzen."

Die Ente drehte mir verächtlich ihr Hinterteil zu und hüpfte in den Fluss, was auch nicht besonders klug war. Denn die Fische da drin sind riesig und haben eklige Schnurrbärte, echt widerlich. Nicht einmal von Kater Mortimer lassen sie sich fangen; sie lachen ihn nur aus.

„Aber jetzt, an die Arbeit."

Auf Zehenspitzen schlich ich zur Pförtnerloge. Dort deutete nichts darauf hin, dass etwas Ungewöhnliches vorgefallen war. Don, der diensthabende Pförtner, starrte auf den Computerbildschirm und nippte dabei an seinem Tee. Lautlos wie ein Leopard robbte

ich auf den Empfangsschalter zu und machte dann eine geschmeidige Vorwärtsrolle. Für eine durchtrainierte Meisterdetektivin ist das überhaupt kein Problem. Ich war von mir selbst so beeindruckt, dass mir ein leises „Wow!“ herausrutschte. Gott sei Dank klingelte genau in dem Moment das Telefon. Don nahm den Hörer ab.

Das war *die* Gelegenheit. Schnell machte ich noch drei Vorwärtsrollen. Leider gelangen sie mir nicht so perfekt wie die erste und ich landete gewissermaßen mit dem Kopf zuerst in einem Pappkarton. Doch immerhin war ich unbemerkt bis zu den Taubenkästen vorgedrungen und hatte nur ein paar Kratzer an der Stirn davongetragen.

Wenn ihr jetzt glaubt, in diesen Kästen säßen lauter glückliche Tauben, muss ich euch leider enttäuschen. Komischerweise werden so die Postfächer der Studenten genannt. Obwohl kaum zwei Briefe hineinpassen, geschweige denn eine Taube (ich hab's ausprobiert und bin leider vom Pförtner erwischt worden).

Rasch überflog ich die Namen auf den kleinen Schildchen:

Jameson, K.
Jameson, M.
Jared, M.
Jeng, W.
Jenkins, J.

Das musste Jenna Jenkins' Postfach sein. Es war leer. Anscheinend war die Polizei auch schon auf diese Idee gekommen. Kleiner Fehlstart in meine Meisterdetektivinnen-Karriere.

Ich war gerade dabei, meine Enttäuschung zu verarbeiten, als mir von der Seite etwas appetitlich Buntes ins Auge sprang. Wer hätte sich nicht von einer Schachtel Karamellbonbons ablenken lassen, die unter den Postfächern ungeöffnet auf dem Fußboden lag!

Auf dem kleinen gelben Zettel darauf stand:

Für Jenna J.

Neugierig schielte ich unter den Zettel und entdeckte – oh Jubel! – folgende Nachricht:

Wo BIST du? Habe gestern eine Ewigkeit im Teestübchen gewartet, aber du bist nicht aufgetaucht. Du gehst nicht ans Telefon und deine E-Mails beantwortest du auch nicht! Was ist los?
Hoffe, bei dir ist alles O.K! Melde dich! Du hast mir immer noch nicht gesagt, was ich fürs UB tun soll.

Jeremy x

Ich beglückwünschte mich selbst dafür, dass ich im Aufspüren wichtiger Beweisstücke eindeutig besser war als die Polizei. Die Schachtel Karamellbonbons musste ich natürlich sicherstellen, bevor sie in falsche Hände geriet.

Inzwischen hatte Don sein Telefongespräch beendet und ich musste mich wie ein Plattfisch an die Wand drücken, als er seine leere Teetasse in die Spüle im Hinterzimmer brachte.

Gleichzeitig erspähte ich oben auf dem Pförtnertresen die letzte Ausgabe vom *UniBlatt*. Sobald Don pfeifend nach nebenan verschwunden war, schnappte ich mir das Heft und huschte hinaus in die dunkle, stürmische Nacht.

Ein supererfolgreicher erster Einsatz, lobte ich mich, als ich über unseren Gartenzaun kletterte. Zur Feier des Tages machte ich es mir erst mal unter einem Busch bequem und gestattete mir ein paar von den Bonbons, bis in der Schachtel außer buntem Papier nicht mehr allzu viel übrig war. Die schwangere Ente schien sich besonders für die Bonbons mit Erdbeer-

geschmack zu interessieren, also gab ich ihr eins zum Probieren und sie schnatterte laut vor Begeisterung.

Dann fiel mir plötzlich siedend heiß ein, dass ich gerade wichtiges Beweismaterial aufgegessen hatte, und ich bekam kurz ein schlechtes Gewissen. Aber immerhin hatte ich den gelben Zettel übrig gelassen.

Jeremy. Also kam in dieser Geschichte ein Jeremy vor. Ich wusste zwar nicht genau, wann er Jenna die Bonbons gebracht hatte, aber sicher war, dass sie zu dem Zeitpunkt schon verschwunden war und er sich Sorgen machte.

Du hast mir immer noch nicht gesagt, was ich fürs UB tun soll.

Ich nahm die Studentenzeitung zur Hand. Sofort sprangen mir blutrote Überschriften und ein paar unscharfe Schnappschüsse entgegen:

Juraprofessor beim Ladendiebstahl erwischt

Uni-Ruderer heimlicher Vater von Zwillingen

WER IST DIE DAME AN IHRER SEITE, HERR PROFESSOR? SICHER NICHT IHRE FRAU!

Das *UniBlatt* gehörte ganz sicher nicht zu den Zeitschriften, die ich freiwillig lesen würde. Es war kein kostenloses Spielzeug dabei und Comics gab es auch nicht. Ich blätterte trotzdem weiter und fand schließlich die Seite mit dem Impressum. *Chefredakteurin: Jenna Jenkins,* stand ganz oben und direkt darunter ein weiterer Name. *Chefreporter: Jeremy Hopkins.*

Die schwangere Ente sah mich mit diesem typischen, leicht verwirrten Entenblick an. Ich flüsterte ihr zu: „Ich frage mich, was für einem brennend heißen Skandal Jenna Jenkins auf der Spur war, bevor sie auf mysteriöse Weise verschwand und ihren Chefreporter bitten konnte, weitere Nachforschungen anzustellen."

Cambridge ist der windigste Ort im ganzen Universum. Beim Einschlafen hörte ich, wie der Sturm um die steinernen Flammen auf den College-Türmen heulte und pfiff. Doch eine Sunny Spyce fürchtet sich weder vor Dunkelheit noch vor Sturm.

III

Das Problem mit Sophie ist, dass sie ein egozentrierter kleiner Narziss ist."

„Mum, es ist lebenswichtig, dass meine Krawatte perfekt sitzt. Oder willst du, dass ich mir den Virus von Mr Halitosis einfange, wenn er mir eine Standpauke hält?"

„Mr Wer?"

„Mr Halitosis. Du weißt schon, mein Lehrer."

„Sprichst du etwa von Mr Barnes?"

„Mum, du hängst mindestens fünf Jahrhunderte hinterher. So hieß er früher mal, am ersten Schultag. Als wir noch nicht wussten, was mit ihm los ist. Zuerst haben wir ihn Mr Atem-des-Todes genannt, aber dann hat Emmas Mum uns erklärt, dass Mundgeruch eine Krankheit ist, die Halitosis heißt. So nennen wir ihn seitdem, um ihm nicht unrecht zu tun."

„Du stehst jetzt schon ganze achtzehn Minuten vor diesem Spiegel."

„Und nicht ohne Erfolg. Siehst du? Die Krawatte sitzt perfekt. Du darfst meine Kutsche rufen."

„Nicht nötig, die Kutsche ruft schon nach dir."

Tatsächlich hörte ich von draußen unseren kleinen blauen Twingo hupen und tuten, als hätte er soeben ein Formel-1-Rennen gewonnen.

„Oh, ist Dad etwa heute Steuermann des Schlumpfmobils?", fragte ich. „Warum nicht du?"

„Weil in – du liebe Güte, beeil dich – weil in genau einer Minute und achtundvierzig Sekunden ein paar ziemlich wichtige Leute an meine Tür klopfen werden, um ein paar ziemlich wichtige Dinge mit mir zu besprechen."

„Über Jenna Jenkins?"

Mum seufzte einen ihrer legendären Seufzer. „Nein, nicht über Jenna Jenkins. Wir wissen immer noch nicht, was mit ihr geschehen ist."

„Und wer sind diese *wichtigen* Leute?"

„Herr im Himmel, Sophie Margaret Catriona!"

„Heißen sie wirklich so?"

„Du raubst mir noch den letzten Nerv. Außerdem wird es dich sowieso nicht interessieren. Diese Leute

arbeiten für eine Firma namens CoLink, die größte Marketingagentur in ganz England. Zufrieden?“

„Nein. Furchtbar enttäuscht.“

„Geh jetzt endlich!“

Ich ging.

„Viel Spaß in der Schule!“

Würde ich haben.

☆☆☆

Meine besten Freunde heißen Emma Sarland und Toby Appleyard. Ich habe sie aufgrund ihrer besonderen Fähigkeiten ausgesucht.

Emma trägt Perlenohrringe und wohnt in einem riesengroßen Haus in Waterbeach. Das klingt zwar

nach einem tropischen Paradies, doch in Wahrheit gibt es dort weder Wasser noch einen Strand. Es sieht da nicht anders aus als in jedem anderen stinknormalen Dorf rund um Cambridge.

Toby hat es nicht so weit zur Schule. Genauer gesagt hat er es gar nicht weit zur Schule, denn er wohnt direkt in der Schule. Seine Mum ist nämlich die Hausmeisterin und sein Vater kocht in der Schulkantine unser Mittagessen. Leider ist das, was Mr Appleyard kocht, ungenießbar. Toby ist daran gewöhnt, aber Emma und ich müssen uns immer extrem viel Mühe geben, höflich zu bleiben und Mr Appleyards ekelhaften Fraß hinunterzuwürgen. Das ist aber auch fast der einzige Nachteil daran, mit Toby befreundet zu sein.

„Es gibt Neuigkeiten“, berichtete ich Emma und Toby gleich in der ersten Stunde. „Eine Studentin vom Christ’s College hat sich plötzlich in Luft aufgelöst.“

„Ist sie tot?“

„Was weiß ich. Auf jeden Fall verschwunden.“

„Hat sie gesagt, wo sie hinwill?“

„Nein, dann wär sie ja nicht wirklich verschwunden.“

„Wer ist es?“

Ungünstigerweise hielt Mr Halitosis dies für den geeigneten Moment, uns etwas über Geometrie zu erzählen, sodass wir gezwungen waren, unsere Unterhaltung in Form von kleinen Zetteln fortzusetzen.

„Der Satz des Pythagoras besagt …“, begann Mr Halitosis.

Sie ist Balletttänzerin, kritzelte ich in Türkis, *so richtig mit Tutu.*

Voll daneben!, schrieb Toby mit Textmarker.

„… dass die Summe der Kathetenquadrate …“

Außerdem ist sie Chefredakteurin vom UniBlatt, das ist eine Klatschzeitung, die lauter Skandale aufdeckt, fügte mein Bleistift hinzu.

Dann vermisst sie doch bestimmt keiner!, konterte Tobys schwarzer Tintenroller.

AUFHÖREN, die Sache ist ernst, antwortete Emma glitzernd (ich weiß immer noch nicht, wo sie diese tollen Stifte auftreibt). *Sie könnte ermordet worden sein! Ich kenne haufenweise Balletttänzer, das sind die gemeinsten, hinterhältigsten Menschen diesseits des Äquators!*

„… gleich dem Quadrat der Hypotenuse ist …“

Woher kennst du haufenweise Balletttänzer?, fragte mein roter Filzstift.

„… natürlich nur in einem rechtwinkligen Dreieck.“

Unser Zettel sah mittlerweile hübsch bunt aus. Emmas Enthüllung war hellgrün: *Weil ich dieses Jahr bei der Schwanensee-Aufführung Cello spiele, schon vergessen?*

„Sophie Spyce, wie lautet der Satz des Pythagoras?“

Mr Halitosis stampfte quer durchs Klassenzimmer auf uns zu und Emma, Toby und ich schalteten umgehend auf Bloß-nicht-einatmen-Modus.

„Ja, schäm dich ruhig, mein Kind!“, schnarrte er. (Ich schämte mich nicht. Dass ich rot wurde, lag daran, dass mir die Luft ausging.) „Du hast nämlich nicht ein Wort von dem gehört, was ich gesagt habe.“

„Im Gegenteil, Mr Barnes“, antwortete ich und kam

dabei dank monatelangen Trainings fast ohne Atmen aus. „Der Satz des Pythagoras besagt, dass die Summe der Kathetenquadrate gleich dem Quadrat der Hypotenuse ist. Natürlich nur in einem rechtwinkligen Dreieck."

Mr Halitosis stutzte einen Moment, dann sagte er nur „Oh, gut" und ging zurück zu seinem Pult. Endlich konnten wir wieder gefahrlos einatmen, was unsere Lungen uns sehr dankten.

Und das ist ein Beispiel, wie praktisch es ist, wenn man ein Gehirn besitzt, das mehr Verknüpfungen hat als das Universum Sterne.

In der Pause erklärte Emma uns die Hintergründe ihrer erstaunlichen Enthüllung.

„Mein Dad hat jemanden getroffen, der noch Cellospieler für die Aufführung des Uni-Balletts suchte, und hat gesagt, das wäre doch was für unsere Emma. Ich habe dankend abgelehnt, aber da war es schon zu spät und jetzt habe ich jeden zweiten Tag Proben. Dann noch die Hausaufgaben und außerdem bin ich die Jüngste im Orchester und dieser Regisseur ist ein Ekel. Echt ätzend."

„Aber dann müsstest du Jenna Jenkins kennen!", rief ich aufgeregt. „Sie ist eine der Tänzerinnen!"

„Ich kenne sie nicht alle mit Namen. Welche Rolle tanzt sie?"

„Die Hauptrolle. Ich kenne die Geschichte nicht, also nehme ich an, entweder den Schwan oder den See."

„Die Hauptperson in *Schwanensee* heißt Odette, du Kunstbanause", spottete Emma. „Alles klar, dann weiß ich, wer sie ist. Aber wer wird wohl ihre Rolle übernehmen, wenn sie plötzlich wie vom Erdboden verschluckt ist? Anscheinend ist schon jemand für sie eingesprungen, denn die Probe heute Abend um sechs wurde nicht abgesagt."

Jetzt, da meine Karriere als Meisterdetektivin endlich begonnen hatte, durfte ich auf keinen Fall kneifen und musste meine abgrundtiefe Abneigung gegenüber Tutus überwinden, wenigstens dieses eine Mal.

„Em, ich komme heute Abend mit zu dieser Probe", erklärte ich heldenhaft.

„Oh ja, bitte. Ich langweile mich immer so mit diesen alten Studenten. Du bist wenigstens dran gewöhnt."

„Das ist unfair", protestierte Toby. „Ich wollte euch gerade fragen, ob wir nicht nach der Schule bei mir zu Hause einen Film gucken wollen! Meine Mum hat mir letztes Wochenende ein paar neue DVDs gekauft. Ich habe *Wall-E, Anastasia* und *Spiderman.*"

„Sorry, Toby, aber bei einem so wichtigen Auftrag dürfen wir uns nicht ablenken lassen. Aber ich vertraue dir die Aufgabe an, höchst geheime Informationen aus den Tiefen des Internets zu fischen. Alles, was du über Jenna Jenkins finden kannst. Es ist absolut lebenswichtig."

Er nickte. „Geht in Ordnung. Ach übrigens, ich hab eine gute Nachricht: Dad hat mir verraten, dass es heute gebratenen Chicorée mit Speck gibt!"

Emma und ich unterdrückten gleichzeitig ein Würgen.

Nach der Schule hatten wir bis zu Emmas Orchesterprobe zwei Stunden, in denen wir machen konnten, was wir wollten.

„Das stimmt nicht ganz“, widersprach Emma und klappte ihren Roller auseinander. „Zum Beispiel können wir den Bonbonladen nicht überfallen, weil wir keine Gangstermützen haben.“

Ja, das war in der Tat schade. „Aber zumindest können wir so tun, als ob wir ihn gerade überfallen hätten. Und jeder Tourist mit einer Kamera in der Hand ist ein Polizist mit einem Flammenwerfer.“

Emma meinte, das sei die beste Idee seit gut zwei Stunden, als ich vorgeschlagen hatte, einen Grashüpfer zu adoptieren. Also klickte ich die Schnallen meiner Rollerskates zu und wir sausten gemeinsam durch das Schultor. In der hellen Nachmittagssonne ratterten wir mit Höchstgeschwindigkeit über den Gehweg und versuchten, den tödlichen Kamerablitzen der Touristen auszuweichen (was in Cambridge eine beachtliche Leistung ist). Ständig mussten wir uns ducken und gefährliche Haken schlagen. Wir hatten es schon beinahe bis zum King’s College geschafft, als Emma plötzlich aufschrie: „Nein! Mich hat einer erwischt! Hilfe, ich brenne, ich stehe komplett in Flammen!“

Beinahe hätte er mich auch erwischt, aber ich konnte in voller Fahrt gerade noch rechtzeitig über eine niedrige Steinmauer springen und mich flach auf den Rasen werfen. Allerdings durchbohrte mich nun der Pförtner vom King's College mit wütenden Blicken, denn das Betreten des Rasens steht hier unter Todesstrafe.

„Bist du irre, Sunny?", rief Emma. „Ich habe keine Lust, dich bis ans Ende meiner Tage im Gefängnis zu besuchen."

„Das wäre mir ehrlich gesagt lieber, als von einem Flammenwerfer in ein Häufchen Asche verwandelt zu werden."

„Ich bin sowieso nur noch Asche, lass uns aufhören und bei euch zu Hause ein bisschen Schokolade aus dem Geheimversteck von deinem Dad kramen."

Ich wischte meine grün gefärbten Handflächen an meiner Bluse ab und sprang über die Mauer zurück auf den Weg. Um wieder in Fahrt zu kommen, hielt ich mich an Emmas brennenden Klamotten fest. Aber als wir um die nächste Straßenecke sausten, blieb mein rechtes Auge an einem Ladenschild hängen, bei dem in meinem Hinterkopf plötzlich eine Glocke schrillte. Ich bremste scharf ab und ging in Denkerpose.

„Was ist los?", fragte Emma, nachdem sie mit ihrem Roller ein rasantes Wendemanöver vollführt hatte. „Stehst du etwa auch in Flammen?"

„Nein, ich hatte nur gerade ein Aha-Erlebnis! Siehst du das Schild da drüben? Das Teestübchen!"

Emma sah mich verwirrt an, also erklärte ich ihr,

dass das Teestübchen in Jeremy Hopkins' Nachricht an Jenna Jenkins erwähnt wurde und dass es doch eine einmalige Gelegenheit wäre, ein paar Nachforschungen anzustellen.

„Es könnte doch sein, dass das Teestübchen Jeremy Hopkins' bevorzugte Futterstelle ist", überlegte ich. „Wir sollten reingehen und nachsehen, ob er zufällig gerade hier ist. Er könnte uns ein paar wichtige Informationen über Jenna Jenkins geben."

„Na und? Das sind doch bloß Studenten."

Eigentlich hatte Emma recht. Im Allgemeinen sind Studenten wirklich ziemlich langweilige Wesen. Aber in diesem Fall roch es verdächtig nach Entführung und möglicherweise sogar Mord.

„Gib mir nur eine Minute. Pass auf meine Rollerskates auf."

Lässig schleuderte ich ihr die Dinger vor die Füße und spazierte auf Socken ins Teestübchen. Unglücklicherweise war unter den Gästen niemand, der nach einem Jeremy Hopkins aussah. Und noch unglücklichererweise war unter den Gästen jemand, der verdammt nach meiner Mutter aussah.

„Sophie Margaret Catriona Spyce! Bei allen Göttern, was hast du hier zu suchen?"

Mum, in ihrem besten aprikosenfarbenen Kleid, saß zwischen ein paar Männern in feinen Anzügen. Zu gedämpften Klängen sanfter Jazzmusik verspeisten sie gerade ein paar Riesenstücke Blaubeer-Käsekuchen, der zufällig auch zu meinen Lieblingskuchen im Teestübchen gehörte.

„Liebste Mummy“, säuselte ich und versank in einen tiefen Knicks. „Einen schönen Nachmittag wünsche ich dir und deinen Freunden. Als ich dich durchs Fenster erblickte, konnte ich der Versuchung nicht widerstehen, dir meine Aufwartung zu machen.“

„Verstehe“, sagte Mum – vom Tonfall her klang es allerdings eher wie ‚Ich glaube dir kein Wort‘. „Meine Herren, darf ich vorstellen, meine Tochter Sophie.“

„Freut mich, Sie kennenzulernen, ich heiße Sunny“, sagte ich und blickte fragend in die Runde, sodass Mum gezwungen war, mir jeden einzelnen der Herren vorzustellen.

„Sophie, das hier sind Mr Franklin und Mr Mukherjee von CoLink, und Ian Philips, Professor für Griechisch und Latein am Institut für Altphilologie.“

Ich schüttelte der ganzen Bande brav die Hand.

„Und was treibt ein junges Mädchen an so einem schönen Nachmittag?“, fragte Professor Philips mit einer tiefen, sanften Stimme. „Deine Mutter scheint überrascht zu sein, dich hier zu sehen."

„Ich fahre gerade mit meiner Freundin Emma von der Schule nach Hause."

„Führt dein Schulweg immer direkt hier durch das Teestübchen?"

„Ganz und gar nicht", sagte Mum. „Das Problem mit Sophie ist, dass sie ein hinterlistiger kleiner Judas ist. Wir wissen nie, was sie gerade im Schilde führt. Warum hast du keine Schuhe an?"

„Meine Rollerskates sind draußen. Emma passt darauf auf."

Während Mum so unhöflich war und stirnrunzelnd auf meine Socken und das Loch am Zeh starrte, ließ ich meinen Meisterdetektivinnen-Blick über den Tisch schweifen. Zwischen halb leeren Teetassen und

Kuchenstücken erspähte ich einige Papiere mit kompliziert aussehenden Wörtern, dazwischen ein paar sehr lange Zahlen mit mehreren Nullen.

Professor Philips räusperte sich und Mum sagte schnell: „Sophie, geh jetzt bitte nach Hause. Wir sind hier gerade mitten in einer wichtigen Besprechung."

„Bitte, darf ich heute Abend um sechs bitte bei Emmas Schwanensee-Probe zugucken, bitte?"

Mums Augenbrauen signalisierten zwar ein deutliches Nein, aber unter den schmunzelnden Blicken der Herrenrunde murmelte sie schließlich: „Meinetwegen. Wo findet die Probe statt?"

„Im Konzertsaal an der West Road."

„Wie kommst du dahin?"

„Mit Emma. Wir gehen auch ganz schnell und lassen uns nicht von Fremden ansprechen."

„Wie kommst du zurück?"

„Ich frage Dad, ob er mich abholt."

Mum verdrehte zwar die Augen, nickte dann aber und ließ mich gehen. Wofür ich ihr äußerst dankbar war.

„Na, wie war's?", fragte Emma, als ich zum dritten Mal an diesem Tag meine Füße in die Rollerskates zwängte.

„Die reinste Katastrophe. Ich bin meiner Mum in die Arme gerannt."

Emma erschauderte von Kopf bis Fuß. Sie hat nämlich Angst vor meiner Mutter. Früher hatte ich auch Angst vor ihr, aber irgendwann bin ich dazu übergegangen, ihr auch Angst zu machen.

Emma zupfte an ihrer Krawatte. „Für mich hat sich das Warten hier draußen gelohnt", sagte sie. „Rate mal, was ich gefunden habe?"

„Wie viele Versuche habe ich?"

„Drei."

„Ein kleines rosa Ferkel."

„Nein."

„Einen qualmenden Meteoriten."

„Nein."

„Die Kronjuwelen."

„Fast. Guck mal." Sie hielt mir einen zerknitterten Fünf-Pfund-Schein unter die Nase.

„Du Glückspilz!", rief ich. „Weißt du schon, was du damit machst? Natürlich kannst du damit machen, was du willst, und du musst mir auch nichts von dem abgeben, was du dir davon kaufst."

„Klar gebe ich dir was ab", sagte sie sofort (zum Glück!). „Wenn ich nicht hier auf dich gewartet hätte,

hätte ich schließlich nicht vor lauter Langeweile aufs Pflaster gestarrt. Komm, wir kaufen uns im Bonbonladen eine Packung saure Schlangen."

Wir sausten im Eiltempo los und schlängelten uns an einer Horde Touristen vorbei und überholten eine Frau mit Kinderwagen und wurden beinahe von einem schlaksigen Studenten auf einem Rad über den Haufen gefahren und wichen einem Rollstuhlfahrer mit Roboterstimme aus.

Und dann passierte es.

„Sophie Margaret Catriona Spyce!"

Oh nein, nicht schon wieder!

Als ich widerwillig bremste und mich umdrehte, stand mir mein Vater gegenüber.

„Was, um alles in der Welt, machst du ganz allein hier auf der Straße?"

„Sei gegrüßt, liebster Daddy. Was für ein wunderbarer Zufall, dich hier zu treffen! Der Allmächtige muss meine Schritte zu dir gelenkt haben. Aber sieh, ich bin nicht allein! Emma ist bei mir."

Er verrenkte sich beinahe den Hals, aber Emma war hinter einem ziemlich breit gebauten Studenten in Deckung gegangen. Vor Dad hat sie nämlich auch Angst.

„Hier ist sie", sagte ich und zerrte eine ziemlich kleinlaute Emma aus ihrem Versteck. „Weißt du, Dad, Emma hat in der Gehweglotterie gewonnen und wir wollten das Geld gerade für ein paar saure Schlangen verbraten."

„Kommt nicht infrage. Weiß Mum, dass du dich hier herumtreibst?"

„Deine Mum oder meine Mum?"

„Was glaubst du wohl?"

„Meinst du hier hier oder hier in Cambridge?"

„Hör zu, Sophie, ich habe jetzt keine Zeit für deine Spielchen. Aber da ich den starken Verdacht hege, dass Mum – deine Mutter, meine Ehefrau, Professor Spyce – nicht den leisesten Schimmer davon hat, dass du und Emma euch auf der Straße herumtreibt wie zwei Gossenjungen …"

„Aber wir fahren doch gar nicht auf der Straße!"

„… nehme ich euch am besten mit zu meiner Verabredung mit Pastor Tan."

„Aber Dad, wir …"

„Genug jetzt!“, schnauzte er ungeduldig und so trotteten wir brav hinter ihm her. In einem Café, das früher einmal eine Kirche gewesen war, setzte er uns an einen Tisch.

Die sauren Schlangen konnten wir uns für heute wohl abschminken. Aber auch so schafften wir es, leicht angesäuert zu lächeln, als Dad fragte: „Was möchtet ihr?“

„Eine E-Gitarre.“

Dad verdrehte die Augen. „Was möchtet ihr trinken?“

„Whisky.“

Dad unterdrückte einen unchristlichen Fluch und ging zum Tresen. „Zwei Gläser frisch gepressten Orangensaft und einen Cappuccino, bitte. Ah, hallo, Frederick.“

Frederick, alias Pastor Tan, war soeben ins Café gekommen. Genau wie Dad trug er einen weißen Stehkragen. Aber im Gegensatz zu Dad hatte er noch alle Haare und keine Falten. Und im Gegensatz zu Dad sah er nicht wütend aus. Genau genommen sah er ziemlich erschüttert aus.

„Meine Tochter Sophie und ihre Freundin Emma“, brummte Dad, als er sich mit Pastor Tan am Nachbartisch niederließ. „Mädchen, das ist Pastor Tan vom Trinity College."

Ich hörte auf, an meinem Strohhalm zu schlürfen, und sagte höflich: „Guten Tag, ich heiße Sunny."

„Wie reizend, Sie kennenzulernen. Ich bin Emma", flötete meine wohlerzogene Freundin.

Dad sagte schnell: „Macht eure Hausaufgaben."

Gehorsam holten wir unsere Bücher und Hefte aus den Rucksäcken, und Emma versuchte herauszufinden, was Pythagoras mit seinem berühmten Satz gemeint hatte und wie man ihn benutzte, um die Aufgaben zu lösen.

„Liebster Daddy, könntest du mir bitte einen Stift leihen, bitte?"

„Hast du keine Stifte in deinem Mäppchen? Dafür ist es doch eigentlich gedacht, oder?"

„Ja, schon, aber in meinem Mäppchen ist auch ein Grashüpfer. Und wenn ich es jetzt aufmache, wird er hier überall rumhüpfen."

Dad blies ziemlich viel Luft durch die Nasenlöcher, angelte einen teuren Füllfederhalter aus der Brusttasche seines Hemdes und sagte: „Jetzt ist aber Ruhe."

So edle Tinte konnte ich auf keinen Fall für Geometrie verschwenden, also begann ich stattdessen, ein Gedicht über Angst und Verzweiflung zu verfassen, über Jeremy Hopkins und über Jenna Jenkins, die möglicherweise irgendwo in einem düsteren, rattenverseuchten Kellerloch ohne jede Hoffnung dahinsiechte.

Am Nebentisch waren Dad und Pastor Tan in ein anscheinend sehr ernstes Gespräch vertieft. Die eine Hälfte meines Gehirns war ganz auf Empfang gestellt, während die andere sich mit Dichtkunst beschäftigte. Wieder etwas, das nur funktioniert, wenn man mehr Verknüpfungen im Gehirn hat als das Universum Sterne.

„Was ist denn los, Frederick?“, nuschelte Dad halb laut. „Deine Nachricht klang ziemlich beunruhigend, muss ich sagen.“

„Es handelt sich in der Tat um eine äußerst ernste Angelegenheit. Nur leider habe ich im Grunde viel zu wenig Informationen und auch nicht das Gefühl, dass ich in der Sache überhaupt etwas unternehmen könnte. Es ist alles eine Frage von …“

Er warf einen Seitenblick zu Emma und mir. Sofort setzte ich meinen besten, ziemlich überzeugenden Bin-gerade-nicht-auf-Sendung-Gesichtsausdruck auf. Leider redete Pastor Tan so leise weiter, dass sich mein armer Steigbügel (der kleinste Knochen des menschlichen Körpers, der sich übrigens im Ohr befindet) furchtbar anstrengen musste, um überhaupt etwas zu verstehen.

„Ich habe gewisse Beweise, dass …“, raunte er, „genauer gesagt, eine Studentin hat mir von illegalen Aktivitäten innerhalb ihres Instituts berichtet, denen sie auf die Spur gekommen ist.“

„Wer ist diese Studentin?“, flüsterte Dad.

„Das kann ich dir leider nicht sagen, David.“

„Aber Frederick, in einer solchen Situation …“

„Ich meine damit nicht, dass ich es nicht sagen *will*, sondern dass ich es nicht sagen *kann*, weil ich nicht weiß, wer sie ist.“

Schon wieder dieser misstrauische Seitenblick auf mich (sehe ich wirklich so viel verdächtiger aus als Emma?). Ich tat so, als wäre ich gerade in die Betrachtung eines hässlichen abstrakten Gemäldes an der gegenüberliegenden Wand vertieft, das aussah, als hätte jemand eine Riesenportion halb verdaute Smarties auf eine Leinwand gespuckt.

„Ich habe einen anonymen Online-Chatroom eingerichtet, eine Art Pastoren-Sprechstunde für alle Mitglieder der Universität. Wer möchte, kann jeden Abend per Internet unter vier Augen mit mir sprechen, über jedes beliebige Thema. Gestern Abend hat eine Person mit dem Benutzernamen ‚Zarina' zu mir Kontakt aufgenommen. Eine Studentin, mehr wollte sie nicht verraten. Sie behauptete, jemand an ihrem Institut sei dabei, etwas Illegales zu planen. Etwas, das Auswirkungen auf die gesamte Universität haben könnte. Doch bevor sie mir Genaueres mitteilen konnte – tatsächlich genau in dem Moment, als sie mit der Sprache rausrücken wollte –, ist plötzlich die ganze College-Internetverbindung zusammengebrochen und ließ sich auch nicht wiederherstellen."

Ich hatte das Gefühl, aus einem relativ fröhlichen Traum plötzlich in einen unheimlichen Albtraum hineinzustolpern. Jenna Jenkins, schoss es mir durch den Kopf. Diese geheimnisvolle Studentin musste Jenna Jenkins gewesen sein. Aber war sie gestern nicht schon verschwunden?

„Jenna Jenkins“, murmelte Dad, als hätte er meine Gedanken gelesen. „Hast du davon gehört, dass sie … ?“

„Es war nicht Jenna.“ Der Pastor schüttelte den Kopf. „Ich kenne sie – vor einiger Zeit hat sie mich für dieses Studentenmagazin interviewt. Natürlich habe ich von ihrem Verschwinden gehört und auch zuerst an sie gedacht. Aber sie kann es nicht gewesen sein.“

„Wieso bist du dir da so sicher?“

„Jenna ist Legasthenikerin. Mehrmals hat sie mir gegenüber erwähnt, wie schwierig das für sie ist, weil sie unbedingt Journalistin werden will. Aber bei dieser Studentin aus dem Chatroom war die Rechtschreibung völlig korrekt.“

Dad verzog für einen kurzen Moment das Gesicht, als wäre es für eine Legasthenikerin ein Kinderspiel, eine korrekte Rechtschreibung vorzutäuschen. Dann sagte er: „Ich denke, du solltest das Ganze an die Polizei weiterleiten. Sicher können sie die Spur im Internet zurückverfolgen und – “

Frederick lachte verbittert. „Das würde ich liebend gern tun, aber leider ist heute Morgen der Computer aus meinem Büro gestohlen worden.“

IV

Zum Glück ließ Dad Emma und mich dann noch allein zum Konzertsaal gehen. Das lag vor allem daran, dass er eine so hohe Meinung von Emma hat.

„Also schön, Sophie, ich werde dich um 19.30 Uhr dort abholen."

„Aye, aye, Käpt'n!"

„Und du gehst ganz bestimmt zu dieser Probe, richtig? Du bleibst die ganze Zeit dort und läufst nicht irgendwo anders hin?"

„Ja, Dad, nein, Dad!"

Er warf einen Gott-schenke-mir-Kraft-Blick zum Himmel und mir einen flüchtigen Kuss auf die Stirn, bevor er sich auf den Weg nach Hause machte. Klick, klack, klappte Emma ihren Roller auseinander und wir brausten los Richtung Stadtzentrum.

„Was hältst du von der Sache?“, fragte sie mit wabbeliger Stimme, während sie über eine besonders holprige Stelle im Pflaster rumpelte. „Illegale Aktivitäten? Was soll das sein?“

„Hast du etwa gelauscht?“

„Na klar, die ganze Zeit!“

„Ich auch! Wahrscheinlich sind wir deshalb Freundinnen. Besonders viel hat er ja nicht gesagt, nur diesen Benutzernamen. *Zarina*. Hast du eine Ahnung, was das bedeuten könnte?“

„Außer dass russische Prinzessinnen so heißen – nein.“

„Russische Prinzessinnen?“

„Ja, eine *Zarina* ist eine russische Prinzessin. So nennt man sie.“

„Woher weißt du das?“

„Ich interessier mich für Königshäuser, egal von welchem Land.“ Das überraschte mich, ehrlich gesagt, kaum, schließlich trägt Emma Perlenohrringe.

„Dann hat also eine russische Prinzessin an ihrem Institut illegale Aktivitäten beobachtet.“

„Nein. In Russland gibt es schon lange keine Prinzessinnen mehr. Die russische Königsfamilie wurde vor vielen Jahren umgebracht. Eine Tragödie.“

„Seltsam. Ich frage mich, ob diese Nicht-russische-Prinzessin etwas herausgefunden hat, das mit Jenna Jenkins' rätselhaftem Verschwinden zu tun hat."

Emma zuckte die Achseln. „Ich verstehe nicht, was das miteinander zu tun haben sollte."

„Ich auch nicht, aber mein Meisterdetektivinnen-Radar fängt verdächtige Signale auf."

„Was ist ein Meisterdetektivinnen-Radar?"

„Ein spezieller sechster Sinn für Schwindeleien und Skandale. Und wenn du so fragst, bedeutet das, dass du ihn nicht hast", erklärte ich und kniff die Augen zusammen, um das Signal schärfer zu empfangen (was nicht funktionierte).

Emma lachte. „Na, da bin ich aber froh. Denn anscheinend sehen die Leute, die ihn haben, total bekloppt aus."

Also schaltete ich das Radar wieder ab. Mittlerweile waren wir bei der Konzerthalle angekommen, aus der unangenehme musikähnliche Geräusche drangen.

Ich tauschte meine Rollerskates gegen ein Paar normale Turnschuhe und folgte Emma in den Tutu-Tempel. Ihr zusammengeklappter Roller klapperte melodisch gegen ihre Schulter.

Zwei Musiker, ein Junge und ein Mädchen, mit riesigen Instrumentenkästen, unterhielten sich gerade in einer Ecke. Drei andere saßen an der Bar.

„Jetzt kommt dein Einsatz", flüsterte ich Emma zu. „Frag sie ein bisschen aus. Versuch, etwas über Jenna Jenkins herauszufinden."

„Jetzt mal im Ernst, Sunny! Du weißt doch, dass ich so etwas nicht kann. Frag du sie lieber."

„Nein, das geht nicht, die Leute vertrauen mir nicht, sie finden mich immer verdächtig. Bei dir ist das anders. Komm schon, frag sie – ich tu einfach so, als wäre ich deine ausländische Brieffreundin."

Emma konnte sich immer noch nicht überwinden. Also gab ich ihr einen kleinen Schubs, sie machte einen Satz nach vorn und landete direkt neben den zwei Studenten mit den Instrumenten.

„Hi", murmelte sie, „wie geht's denn so?"

„Wer seid ihr denn?“, fragte der Junge zurück, in einem Tonfall, als kämen wir auf seiner Liste der lästigen Lebewesen kurz vor den Mistkäfern.

„Ich bin Emma, ich spiele im Orchester“, erklärte sie, „Cello. Und das hier ist meine Brieffreundin Sunny, ich meine … Sunli.“

„Sunli?“

„Ja. Sie ist Japanerin.“

Die beiden Studenten starrten mich ungläubig an, was man ihnen auch nicht übel nehmen konnte. Es hat schon seinen Grund, warum Emma keine grandios geniale Geheimnis-Aufdeckerin ist.

„Ach, egal“, stammelte Emma weiter, „ich und sie, ich meine natürlich sie und ich, haben uns gefragt, ob ihr vielleicht wisst, wo Jenna Jenkins ist.“

„Warum?“, fragte der Junge.

„Weil“, erwiderte Emma mit leicht gepresster Stimme, „weil nämlich … also, Sunli möchte … also, sie möchte sie gern nach Japan einladen … um zu tanzen … ja, auf dem jährlichen Weihnachtsball des japanischen Kaisers.“

Ich verdrehte so heftig die Augen, dass ich für eine Sekunde mein eigenes Gehirn sah.

„Jetzt verstehe ich, was hier gespielt wird, Kiddies“,

sagte das Mädchen. „Ihr habt bestimmt gehört, dass Jenna verschwunden ist, und da wolltet ihr ein bisschen Detektiv spielen. Stimmt's?"

„Ja", sagte Emma.

Ich sagte „Iie!", was im Japanischen „Nein" bedeutet, aber natürlich niemand verstand.

„Habt ihr nichts Besseres zu tun? Ihr solltet eure Zeit nicht mit so etwas verschwenden", sagte das Mädchen. „Jenna hat einfach beschlossen, Cambridge zu verlassen, das wird euch jeder hier bestätigen. Zu viel Druck, zu viel Konkurrenzkampf. Absolut nichts Geheimnisvolles."

„Wer wird für sie einspringen?", fragte Emma.

„Ihre zweite Besetzung, Stacy Vance. Dafür sind Zweitbesetzungen schließlich da."

Der Junge neben ihr sah auf die Uhr. „Also dann, Shauna, wir müssen los. Und du auch, Emma, falls das dein richtiger Name ist. Die Probe fängt gleich an."

Ich vergaß für einen Moment, dass ich Japanerin war, und platzte heraus: „Moment mal – diese Stacy Vance? Wie ist sie so? Hat sie eine mörderische Persönlichkeit?"

Das Mädchen lachte schallend und drehte sich im Weggehen noch einmal um. „Du verdächtigst die Falsche, Schätzchen. Stacy ist Jennas beste Freundin. Sie ist völlig fertig, weil Jenna verschwunden ist, und hat das ganze Wochenende überall nach ihr gesucht."

Dann verschwanden die Musiker hinter den Kulissen.

Ich spazierte eine Weile nachdenklich auf und ab und fragte mich, ob Stacy Vance Jenna Jenkins womöglich in kleine Würfel geschnitten und in die Fluten des Cam geworfen hatte, um die Rolle der Primaballerina zu übernehmen. Doch schließlich ging ich in den großen Konzertsaal, wo aus dem Orchestergraben das Quietschen und Jaulen der Geigen und Cellos ertönte. Ich hasse Streichinstrumente. Ihr Klang dringt in den Kopf ein, als ob er einem das Gehirn zersägen will. In Emmas Gegenwart würde ich so etwas natürlich nie sagen. Meine Freundin saß unten im Orchestergraben und schabte wie alle anderen mit ihrem Bogen über die Saiten. Sie zwinkerte mir verschwörerisch zu und ich blinzelte zurück. Zwinkern funktioniert bei mir nicht.

„Was machst du denn hier, junges Fräulein?"

Ich drehte mich um. Hinter mir stand ein Student,

ungefähr so groß und breit wie ich. Er trug eine Fliege und kam mir irgendwie bekannt vor.

„Ich bin eine Freundin von Emma Sarland."

„Von wem?"

„Die da mit den Perlenohrringen und dem peinlichen Mr Men-Schlüpfer."

„Was? Wo?"

„Da. Sie hat einen Rock an. Aber es stimmt."

„Und wer bist du?"

„Ich heiße Sunny. Und du bist …?"

„Edwin. Ich bin der Regisseur." Er musterte mich mit einem seltsam prüfenden Blick, als suche er eine unsichtbare Klappe an meiner Stirn, durch die er vielleicht in mein Gehirn sehen könnte. „Setz dich einfach irgendwohin. Es geht gleich los."

Er selbst suchte sich einen Platz in einer der vorderen Reihen und packte seinen Laptop aus. Ich machte es mir auf einem Sitz weiter hinten bequem und zuckte zusammen, als aus dem Orchestergraben eine grässliche Katzenmusik an mein Ohr drang. Als es nach ein paar Minuten immer noch nicht aufgehört hatte, begriff ich, dass das anscheinend der Anfang des Balletts sein sollte. Ein Dutzend Tänzerinnen in wippenden Tutus trippelte auf Zehenspitzen über die Bühne. Es hörte sich an, als ob jemand wie besessen Nägel in ein Tamburin hämmerte. Nach sehr vielen, ich vermute mal, Grands Jetés und Pas de Chats schwebte eine Tänzerin herein, die niemand anders als Stacy Vance sein konnte. Sie war so schwanenhaft, dass es mich nicht überrascht hätte, sie fliegen zu sehen.

Vor lauter Rüschen-Spitzen-Gehopse fielen mir nach spätestens zehn Minuten beinahe die Augen zu. Noch mehr Tüll, Tutu und Trallala konnte ich beim besten Willen nicht ertragen. Also verdrückte ich mich still und leise aus dem Konzertsaal und huschte in einen seitlichen Flügel hinter den Kulissen.

Im Halbdunkel stolperte ich über noch mehr Flügel, bauschige weiße Vogelflügel. Ich fragte mich gerade, warum hier ein ganzer Haufen von dem Zeug herumlag, als plötzlich wieder dieses wilde Gehämmer ertönte. Ich ging hinter einem alten Klavier in Deckung und spähte um die Ecke: Ein ganzer Trupp Ballerinas stürmte polternd von der Bühne durch die dunklen Vorhänge. Jede der Tänzerinnen schnappte sich ein Flügelpaar. Wie sie sich so gegenseitig die Dinger auf dem Rücken befestigten und mit den Fingern glatt strichen, sahen sie aus wie ein seltsamer Schwarm koketter Kakadus.

„Und, wie findest du sie?“, flüsterte eine ihrer Partnerin zu.

„Wen?“

„Stacy, natürlich!“

„Gar nicht so schlecht.“

Das erste Mädchen nickte und sah sich um. Die anderen waren damit beschäftigt, sich gegenseitig die Federn zurechtzuzupfen. „Was ist eigentlich mit Jen? Ihr nehmt das alles so gelassen. Irgendwie scheint es niemanden zu interessieren, dass sie verschwunden ist.“

„Sie ist labil, Kim. Das kannst du nicht wissen, du bist erst ein Semester hier. Jen gehört zu den Leuten, die vor stressigen Situationen davonlaufen.“

„Meinst du? Ich fand sie eigentlich ziemlich selbstbewusst.“

„Das täuscht. In Wirklichkeit ist sie das reinste Nervenbündel. Wenn du mich fragst, hat Jenna den ganzen Druck nicht länger ausgehalten. Die Hauptrolle hier, dazu die Prüfungen, plus das *UniBlatt* … kein Wunder, dass sie das nicht mehr alles auf die Reihe gekriegt hat.“

Das erste Mädchen schien immer noch nicht überzeugt, doch anscheinend hatte gerade die Musik zum nächsten Einsatz gewechselt. Wie ein Schwarm etwas zu dünn geratener Engel flatterten die Tänzerinnen zurück auf die Bühne. Erleichtert lehnte ich mich zurück an das Klavier … und merkte plötzlich, dass ich in meinem Versteck nicht allein war.

„Freut mich, dich kennenzulernen“, sagte jemand dicht neben mir, „ich heiße Jeremy Hopkins.“

Ich schüttelte ihm die Hand. „Hallo, ich bin Sunny Spyce. Kommst du oft hierher?“

„Nein, es ist das erste Mal, aber wahrscheinlich auch das letzte, der Service ist mies.“

„Wie gut, dass ich dich endlich getroffen habe. Ich muss dir nämlich unbedingt ein paar Fragen stellen: Was wolltest du im Teestübchen mit Jenna Jenkins besprechen? Bei der Verabredung, zu der sie nicht aufgetaucht ist?“

„He, Moment mal“, sagte er. „Woher weißt du von Jenna Jenkins?“

„Nein, so geht das nicht. Wenn wir uns die ganze Zeit gegenseitig Fragen stellen, kommen wir nicht weiter. Ein Dialog besteht immer aus einem Wechsel von Fragen und Antworten."

„Na schön, du Klugscheißerin, dann werde ich deine Frage beantworten. Jen und ich wollten uns am Freitagnachmittag im Teestübchen treffen. Wir wollten etwas wegen dem *UniBlatt* besprechen. Genau an dem Tag muss sie morgens verschwunden sein."

„Worum ging es bei den Nachforschungen, die du für sie anstellen solltest?"

„Keine Ahnung. Solche Dinge haben wir immer nur unter vier Augen besprochen, nie per E-Mail oder SMS. Jenna hat nur angedeutet, dass es eine ziemlich große Sache war. Eine sehr große."

„Du weißt nicht, worum es ging?"

Er rieb die Fingerspitzen aneinander. „Wahrscheinlich ging es um Geld. Worum sonst. Aber weswegen bist du eigentlich hier?"

„Zufällig stelle ich selbst gerade Nachforschungen über das rätselhafte Verschwinden von Jenna Jenkins an."

„Großartig. Lass uns unsere Aufzeichnungen vergleichen."

Er zog tatsächlich ein zerfleddertes Notizbuch aus der Tasche. Ich kam mir absolut unprofessionell vor. „Ich hab alles hier drin“, sagte ich und tippte mir an den Kopf. Das war nicht einmal gelogen, mein Kopf ist wirklich das beste Notizbuch, das ich habe. Die anderen verliere ich ständig. „Erzähl mal, was hast du herausgefunden?“

„Nicht viel mehr als das, was ich dir schon gesagt habe. Ich glaube, der Letzte, mit dem sie am Freitag gesprochen hat, war Edwin – der Polizei hat er gesagt, er habe sie angerufen, weil er etwas wegen irgendwelcher Kostüme mit ihr besprechen wollte. Und was hast du herausgefunden?“

Es war mir ein bisschen peinlich, dass ich im Grunde noch keine richtigen Ergebnisse vorweisen konnte. Zwar hatte ich viel Zeit damit verbracht, mir in allen Farben auszumalen, wie Jenna Jenkins möglicherweise zerstückelt worden war. Ab und zu funkte auch diese rätselhafte *Zarina* auf meinem Meisterdetektivinnen-Radar dazwischen. Aber nichts davon würde einen erfahrenen Chefreporter wie Jeremy Hopkins überzeugen. „Also, um ehrlich zu sein …“, begann ich und verstummte.

„Alles klar“, sagte er lachend. „Okay, hör zu. Ich

denke, hier nimmt niemand das, was mit ihr passiert ist, richtig ernst. Alle scheinen zu glauben, sie sei freiwillig abgehauen. Aber so etwas würde Jenna nie tun. Ich kenne sie ganz gut. Wer ein Magazin wie das *Uni-Blatt* herausgibt, braucht viel Mut. Ich glaube, dass Jenna gezwungen wurde, Cambridge zu verlassen. Oder noch schlimmer."

„Tot oder lebendig, wir werden sie finden!", versprach ich feierlich.

„Weißt du überhaupt, wie Jenna aussieht?"

Leider musste ich zugeben, dass ich es nicht wusste. Jeremy zog ein Foto aus seiner Jackentasche. Die Belichtung war nicht besonders gut, aber man erkannte ein Mädchen, dünn wie ein Vogel, in grellbunten Klamotten. Sie stand mitten in einem Haufen Geschenke, darunter ein blauer Teddybär, eine Flasche von dem gleichen Parfüm, das auch meine Mutter benutzte, und ein Paar Ballettschuhe.

„Das Foto ist von ihrem Geburtstag im letzten Oktober."

Schon wieder ertönte aufgeregtes Getrappel und ein Schwarm Tänzerinnen flatterte durch den Vorhang herein. In Sekundenschnelle hatten sie die Flügel abgeschnallt und auf den Boden geworfen. Dabei fegten sie einen ganzen Stapel Broschüren um. Eine von ihnen hob ab wie eine Taube und wehte mir direkt vor die Füße.

„Was ist das?“, fragte ich.

„Das alte Programmheft“, erklärte Jeremy Hopkins. „Die müssen jetzt alle neu gedruckt werden, weil Jen nicht mehr die Odette tanzt.“

Ich sah mir die edle Broschüre genauer an. Auf dem Cover sprang einem sofort ein großes weißes C in einem grünen Kreis ins Auge. Das C stand wahrscheinlich für Cambridge, vermutete ich. Darüber prangte in elegant verschnörkelten Buchstaben der Titel *Schwanensee.*

Das Kurzporträt von Jenna Jenkins nahm eine halbe Seite ein, brachte aber außer dem, was ich sowieso schon wusste, keine neuen Informationen. Es folgte ein Hochglanzfoto des Regisseurs mit fett gedruckter Bildunterschrift:

Edwin Franklin,
Student der Altphilologie,
Trinity College.

In einem reichlich aufgeblasenen Text wurde auf seine herausragenden Leistungen und Erfolge hingewiesen. Den Rest überflog ich nur. Emmas Name tauchte unter hundert anderen in der Besetzungsliste des Orchesters auf.

„Eigentlich bin ich hier, weil ich hören wollte, was hinter den Kulissen so geredet wird, aber die meisten beglückwünschen sich nur gegenseitig für ihre tollen Leistungen. Ich glaube nicht, dass Jennas Verschwinden etwas mit dem Ballett zu tun hat", schloss Jeremy.

Auf der Bühne verstummte die Musik.

„Lass uns von hier verschwinden, bevor der Tutu-Trupp wieder anmarschiert", schlug Jeremy vor.

Wir rappelten uns auf und schlüpften durch eine Seitentür zurück ins Foyer. Geblendet von dem hellen Licht kniff ich die Augen zu. Beim ersten vorsichtigen Blinzeln erblickte ich einen mir wohlbekannten Herrn mit weißem Stehkragen, der mich mindestens ebenso entgeistert anstarrte.

„Oh nein", seufzte ich.

„Sophie! Kannst du mir vielleicht verraten, was du da drin zu suchen hattest?"

„Ich habe mich nur ein bisschen umgesehen, Dad. Und dabei herausgefunden, dass ich Ballettaufführungen hinter den Kulissen wesentlich interessanter finde."

„Und wer ist dieser junge Mann?", fragte Dad. Eigentlich klang es eher wie ‚Wer ist dieser Bengel?'

„Das ist Jeremy Hopkins", erklärte ich bereitwillig.

„Und was hat er hier mit dir zu schaffen?"

Jeremy nahm mir meine Worte aus dem Mund. Es klang, als hätte er sie auswendig gelernt: „Ich habe mich nur ein bisschen umgesehen und dabei herausgefunden, dass ich Ballettaufführungen hinter den Kulissen wesentlich interessanter finde."

Dad durchbohrte ihn mit tausend tödlichen Blicken. „Warum treiben Sie sich hier mit meiner Tochter herum?"

„Ich wusste nicht, dass sie Ihre Tochter ist", erwiderte Jeremy lahm.

Die Antwort schien den heiligen Mann nicht gerade gnädig zu stimmen. Seine Nüstern blähten sich auf wie bei einem wütenden Stier. „Sophie, du kommst auf der Stelle mit mir nach Hause."

„Dad, Dad, Dad, ich habe eine wichtige Frage."

„Was?"

„Ist die schwangere Ente noch in unserem Garten? Ich mache mir Sorgen um sie, verstehst du, denn wenn

Kater Mortimer sie entdeckt, wird das schlimmer als der dritte Weltkrieg.“

Jeremy Hopkins gluckste vor Lachen, woraufhin Dad ihn mit einer weiteren Salve vernichtender Blicke zum Schweigen brachte, ehe er mir durchs Haar wuschelte. „Ja, mein Schatz, sie ist immer noch da, aber ich habe an dich gedacht und im Internet ein paar Dinge über Enten herausgefunden. Offenbar sucht sie nach einem geeigneten Nistplatz, um ihre Eier abzulegen. Morgen werde ich sie zum Emmanuel College bringen. Dort gibt es einen Teich und keine Katzen.“

„Oh, Dad! Ich bin ja so stolz auf dich! Und ich bin sicher, Gott ist auch stolz auf dich. Ich wette, er wusste gar nichts von deinem Talent als Vogel-Umzugsunternehmer. Vielleicht ist das deine neue Berufung!“

„Ja, ja, schon gut, komm jetzt, ab nach Hause.“

„Bye, Jeremy!“

„Bye, Sunny!“

Und durch die blauschwarze Nacht gingen wir gemeinsam nach Hause.

V

Am Dienstagmorgen wurde ich von einem Sonnenstrahl, der mir direkt ins Auge stach, brutal aus dem Schlaf gerissen. Der Garten war in helles Sonnenlicht getaucht, auf den Dächern leuchteten die kleinen Steintürmchen und die Wasserspeier mit ihren Fratzen. Als ich aus dem Fenster sah, sonnte Kater Mortimer sich unten auf der Terrasse und schnurrte wie ein Dieselmotor. Er streckte alle viere von sich und sah aus wie ein ausgebreitetes Bärenfell.

„Heute werde ich Jenna Jenkins finden“, versprach ich der Welt.

Doch vorher musste ich erst noch meine Schuluniform anziehen. Als ich gerade mit dem ersten Strumpf kämpfte, stürzte der unverschämte Kater sich auf den zweiten und kidnappte ihn kurzerhand.

„Kater Mortimer! Gib das sofort wieder her, du wilder Velociraptor!“

Aber der Sockenräuber verschwand mit einem gewagten Hechtsprung aus dem Zimmer und purzelte tollpatschig die Treppe hinunter. Er quetschte sich durch den Türspalt in Mums Büro und verkroch sich mit seiner Beute unter dem Schreibtisch.

„Du hundsgemeines Katzentier! Ich werde dich hängen und vierteilen lassen!“

Leider fühlte Kater Mortimer sich in unserem christlichen Haushalt und unter dem Schutz des Katzenvereins dermaßen sicher, dass ihn diese Drohung gar nicht beeindruckte. Mir blieb nichts anderes übrig, als unter den Schreibtisch zu krabbeln und das fauchende Monster unter Einsatz meiner Haut aus seinem Unterschlupf zu zerren.

Als ich ihn endlich aus Mums Büro befördert hatte, sah ich aus wie nach einem Ringkampf mit einem wilden Tiger.

Und weil ich zufällig gerade in Mums Büro war – was sonst eher selten vorkommt –, beschloss ich, die Gelegenheit zu nutzen und mich gleich mal ein wenig umzusehen.

* * *

„Weltbeste Mum, Königin aller Mums, allerliebste Bilderbuch-Mummy?“

„Was hast du wieder angestellt?“

„Nun ja, wunderbarste Mummy, eigentlich handelt es sich um eine Verkettung unglücklicher Umstände. Ich bin auf dem heimtückisch glatten Fußboden ausgerutscht und ganz merkwürdig in dein Büro hineingefallen, wo ich mit meiner Krawatte am Griff der mittleren Schreibtischschublade hängen geblieben bin. Dabei ist die Schublade aufgerissen und dann hat ein Windstoß ein einzelnes Stück Papier herausgeweht …“

„Ich fasse es nicht, Sophie! Du hast in meinen Schreibtisch geschaut?“

„Das kann ich nicht, Mum, er ist aus massivem Holz.“

„Du weißt doch, was man über Neugier sagt?"

„Ja, Neugier ist der Katze Tod. Deshalb habe ich auch darauf geachtet, dass Kater Mortimer nicht im Zimmer war. Aber was ich eigentlich sagen wollte", redete ich schnell weiter, bevor sie mich unterbrechen konnte, „irgendwie hatte ich plötzlich dieses längliche Stück Papier in der Hand. Und obwohl ich es versucht habe, ich konnte gar nicht anders, ich musste einfach lesen, was …"

„Mach es kurz, Sophie. Du hast den Scheck gefunden. Na und, was ist damit?"

„Sechshunderttausend Pfund, Mum! Sechshunderttausend Pfund! Wie viele Tüten Karamellbonbons kann man dafür kaufen? Die Zahl ist so riesig, dass sie nicht mal in meinen Kopf reinpasst! Sogar wenn ich die Augen zumache und die Stirn in Falten lege – siehst du, wie viele Falten ich schon habe? –, kann sich mein Gehirn diese Zahl nicht vorstellen …"

„Und das ist auch gut so. Mir ist es viel lieber, wenn meine elfjährige Tochter nicht in der Lage ist, sich solche Summen vorzustellen. Warum hast du eigentlich nur einen Strumpf an?"

(Netter Versuch, meint sie etwa, eine Meisterdetektivin wie ich fällt auf so was rein?)

„Wer auf der ganzen Welt, im ganzen *Universum*, könnte dir so viel Geld gegeben haben?“

Mum verdrehte die Augen und warf ein paar Extrastücke Zucker in ihren Tee. „Das ist nicht mein Geld, du Spatzenhirn. Es gehört dem College. Wir haben es bekommen, damit wir für die Bibliothek ein paar neue Bücher anschaffen und einigen Studenten helfen können, ihre Studiengebühren zu bezahlen. Dieser Scheck ist eine Schenkung von CoLink.“

„Eine Schenkung? Wieso? Hatte das College Geburtstag?“

„Weißt du, es kommt sehr häufig vor, dass sogenannte Sponsoren den Universitäten Geld spenden. Als du gestern ins Teestübchen geschneit bist, hatte ich gerade ein wichtiges Gespräch mit den Geschäftsführern von CoLink und Professor Philips, der den Kontakt zwischen uns hergestellt hatte. Glücklicherweise haben sich die Herren von CoLink von deinem Loch im Strumpf nicht allzu sehr abschrecken lassen, denn sie haben zehn Colleges, unter anderem dem Christ’s College, überaus großzügige Spenden zukommen lassen. Und es könnte sogar noch mehr werden. Ich gebe zu, das ist sehr viel Geld, aber kein Grund, deshalb so einen Aufstand zu machen."

„Aber warum verschenkt jemand so viel Geld? Haben die etwa zu viel davon?"

Mum setzte ihr Professorengesicht auf und legte die Stirn in Falten – wie immer, wenn Erwachsene meinen, sie müssten einem kleinen dummen Kind etwas sehr Kompliziertes erklären, was es sowieso nicht verstehen wird. Sie nahm sogar meine Hand und sprach sehr lang-sam-und-deut-lich. „Nein, mein Schätzchen, sie haben das Geld nicht verschenkt, sie bekommen auch etwas dafür, was man Publicity nennt. Das machen sehr viele Firmen so. Als Gegenleistung für die großzügige Geldspende darf CoLink auf dem Internet-Server vom College eine kleine Software installieren. Jedes Mal, wenn einer unserer Studenten jetzt eine Internetseite öffnet, taucht oben auf der Seite das Logo von CoLink auf. Das ist alles."

„Sodass die Studenten vielleicht etwas von ihnen kaufen?"

„Nein, CoLink ist eine Marketingagentur, sie produzieren nichts selbst. Aber sie arbeiten für andere Firmen, die etwas herstellen. Sie beraten diese Firmen, sie sagen ihnen, was sie tun müssen, damit die Leute ihre Produkte kaufen, und machen Werbung für sie. Aber das ist alles sehr kompliziert. Das verstehst du noch nicht."

„Aber was haben diese CoLink-Leute davon, wenn sie für sich selbst Werbung machen?"

„Weißt du, das ist so ... na ja, so kommen vielleicht ein paar Studenten auf die Idee, sich bei CoLink zu bewerben, um dort zu arbeiten."

„Aber dann müssen sie den Studenten ja noch mal Geld geben und ihnen Gehalt zahlen!"

„Aber nach ein paar Jahren kann sich das für CoLink auszahlen und ihnen wieder Geld einbringen."

Ich schüttelte den Kopf. „Was macht es für einen Sinn, das ganze Geld zu verschenken, nur weil ein Student es *vielleicht irgendwann* in zehn Jahren für sie zurückverdient?"

Mum ließ meine Hand los und lachte. „Ach, Sophie! Darüber solltest du dir wirklich nicht den Kopf zerbrechen! Keine Sorge, bei CoLink gibt es genügend Taschenrechner und Leute, die damit umzugehen wissen. Sie werden schon dafür sorgen, dass diese Art von Investitionen sich für ihre Firma auszahlt."

„Aber, Mum, findest du es nicht merkwürdig, dass ..."

„Wo ist dein zweiter Strumpf? In fünf Minuten müssen wir los!“

„Weißt du, ob die Polizei im Fall Jenna Jenkins schon weitergekommen ist?“

„Nein! Wann hörst du endlich auf, deine Nase in die Angelegenheiten anderer Leute zu stecken? Sieh zu, dass du fertig wirst, ansonsten …!“

Ich wurde fertig, weil „ansonsten“ bei Mum nichts Gutes bedeutet.

Ich traf mich mit Toby und Emma vor dem Eingang des Fitzwilliam-Museums. Mr Halitosis hatte vor drei Wochen beschlossen, einen ganzen Vormittag mit uns dort zu verbringen. Und alles nur, weil Stefanie Paulsen behauptet hatte, Kunst sei bloß etwas für verstaubte alte Leute wie ihn. Das war ziemlich blöd von Steffie. Außerdem war Mr Halitosis nicht verstaubt, sondern verschuppt, zumindest wenn man seine Anzüge betrachtete. Und er ist bestimmt längst nicht so alt, wie er aussieht.

„Tut mir leid, dass ich mich gestern nicht von dir verabschiedet habe“, sagte ich zu Emma. „Dad hat mich gewaltsam aus dem Konzertsaal entfernt.“

„Kein Problem. Wir mussten sowieso noch eine halbe Ewigkeit auf Edwins Vater warten."

„Edwins Vater?"

„Ja, anscheinend hat er seinem tollen Sohn Geld für die Aufführung gegeben und wollte sichergehen, dass wir nicht alles für Diamantdiademe und teure Autos ausgegeben haben. Hast du wenigstens etwas Interessantes herausgefunden?"

„Jede Menge! Aber leider hat alles nichts miteinander zu tun. Oder mit Jenna Jenkins. Es kommt mir vor, als müsste ich in zehn verschiedene Richtungen gleichzeitig laufen!"

„Dieses Problem stellt sich jedem von uns mindestens einmal im Leben", hauchte Mr Halitosis von hinten. Sein giftiger Atem traf eine unglückliche Fliege, die ein letztes überraschtes Summen von sich gab, bevor sie leblos zu Boden fiel.

„Kommt, Kinder, und bitte leise, wenn wir in das Museum gehen. Jonah, kleb deinen Popel nicht auf die Statue. Esmeralda, was gibt's da zu weinen? Was soll das heißen: Sie hat deine Haare geklaut? Deine Haare sind doch noch da, meine Liebe. Oh, hier fehlen tatsächlich ein paar – Dani, das war nicht nett von dir! Seht mal alle her, Kinder! Das ist eine echte griechische Statue. Warum kicherst du so, Benjamin? Ja, richtig, er ist relativ klein, aber zu jener Zeit sah man darin, völlig zu Recht, ein Zeichen von Männlichkeit."

Während sich die anderen um die kitschigen Marmorstatuen drängten, verdrückten Toby, Emma und ich uns in eine Ecke und tauschten unsere Ermittlungsergebnisse aus.

„Ich hab was im Internet gefunden", berichtete Toby. „Ein Interview mit Jenna Jenkins in dieser Werbezeitung für die Uni, in dem sie von ihrem behinderten kleinen Bruder erzählt. Da steht, dass sie später Erfolg haben möchte, damit sie eine bessere Betreuung für ihn bezahlen kann."

„Interessant", sagte ich, „hat aber nichts mit ihrem mysteriösen Verschwinden zu tun."

„Psychologisch beachtenswert", schloss Emma.

„Aber wir müssen herausfinden, was für einer Sache sie auf die Spur gekommen war. Nur so verstehen wir, was danach passiert ist.“

„Na, wie gefällt euch die griechische Kunst, Kinder?“, fragte plötzlich eine sanfte Stimme über unseren Köpfen. „Ich glaube, wir sind uns schon einmal begegnet. Miss Spyce, nicht wahr?“

Schwarzer Schnurrbart und Nickelbrille. Normalerweise speichert mein Gehirn die Gesichter von Freunden meiner Eltern nicht, die meisten landen schnell in der Ablage *Papierkorb*. Aber dieses hatte ich erst gestern im Teestübchen gesehen, deshalb wusste ich noch, dass es einem gewissen Professor Philips gehörte.

„Kalimera, verehrter Herr Griechisch-Professor“, grüßte ich wohlerzogen (das heißt, ich versuchte zu klingen wie Emma). „Was treiben Sie so an diesem sonnigen Morgen? Das hier sind übrigens meine Freunde Toby und Emma.“

Leider war Toby gerade dabei, Emma einen Karatetrick zu demonstrieren, mit dem er Jenna Jenkins' Kidnapper niederstrecken wollte. Bevor ich dazu kam, dem Professor Toby vorzustellen, hatte er schon Bekanntschaft mit Tobys Fuß gemacht. Die Begegnung fand mitten auf seinem Bauch statt.

„Humpf!“, stöhnte Professor Philips und wurde leicht grün im Gesicht.

„Ups, das gibt Ärger“, murmelte Toby.

Um uns herum schneite es weiße Umschläge wie in der legendären Szene am Anfang von Harry Potter, nur dass die Umschläge nicht aus dem Kamin, sondern aus der Aktentasche des Professors flatterten.

„Bitte entschuldigen Sie“, stammelte Toby. „Mein Fuß dachte, Sie wären ein Kidnapper.“

Der Professor stieß ein paar unverständliche, bedrohlich klingende Worte aus. Griechisch, vermutete ich. Dann klopfte er sich seinen Pullover ab, auf dem jetzt ein sauberer Abdruck von Tobys Schuhprofil prangte. Stöhnend sammelte der Professor seine Briefe vom Fußboden auf. „Kidnapper, also wirklich! Ich war nur auf dem Weg zur Post.“

„Und warum haben Sie einen Umweg durchs Museum gemacht?“, fragte Emma misstrauisch.

„Ich arbeite hier. Mein Büro ist im ersten Stock“, erwiderte Professor Philips eisig.

Während er noch versuchte, sein verdächtiges Verhalten zu rechtfertigen, verdrehte ich den Hals in einem schmerzhaften Winkel und entzifferte die Adresse auf dem obersten Umschlag:

Prof Spyce
Master Lodge
Christs College
Cambrige CB2 3BU

„Der Brief ist ja für meine Mutter!", rief ich aus.

„Richtig erkannt. Jetzt lasst mich mal durch, ihr gefährliche Terroristenbande."

„Halt, warten Sie", versuchte ich, ihn aufzuhalten. „Geben Sie den Brief doch einfach mir. Ich werde ihn höchstpersönlich ausliefern, versprochen! Ich ziehe eine orangefarbene Leuchtweste an, hole mein Fahrrad und rufe laut ‚Die Post! Die Post ist da!'. Dann werfe ich Ihren Brief mit einem Haufen überflüssiger Werbesendungen in unseren Briefkasten und bringe mich vor dem Hund in Sicherheit!" (Allerdings haben wir keinen Hund, und das ist auch gut so, denn sonst würde Kater Mortimer eines Tages vor lauter Wut bestimmt einen Herzinfarkt bekommen.)

„Vielen Dank, aber das ist nicht nötig", wehrte Professor Philips ab. „Dieser Brief geht nur deine Mutter und mich etwas an."

„Ich an Ihrer Stelle würde Sunnys Angebot noch

einmal überdenken, immerhin könnten Sie die Briefmarke sparen", schaltete Toby sich ein.

„Könntet ihr mich bitte endlich in Ruhe lassen!", stöhnte der gelehrte Mann. Damit drehte er sich auf dem Absatz um und stapfte davon.

„Wer war das denn?", fragte Emma empört. „Etwa ein Freund von dir?"

„Nein, nur ein Bekannter meiner Mutter."

„Ah, verstehe. Stellt er sich deswegen so komisch an? Meinst du, er schickt ihr einen Liebesbrief?"

„Bist du verrückt? Nur ein wahnsinniger Geisteskranker würde sich in meine Mutter verlieben! Ich schätze, der Brief hat mit dem Haufen Kohle zu tun, die ihr irgend so eine Marketingagentur geschenkt hat. Dieser komische Professor hat ihr beim Geldscheffeln geholfen, wie Dagobert Duck."

„Also ich glaube, er ist ein totaler Spießer", stellte Toby fest. „Wie er gleich ausgeflippt ist, als ich ihm meinen Fuß in seinen Schwabbelbauch gerammt habe! Oh, Mist, wo sind die anderen? Los, kommt, oder Halitosis macht Hackfleisch aus uns!"

Ich wollte schon hinter Toby und Emma herrennen, als es unter meinem Schuh seltsam knirschte. Vorsichtshalber schielte ich nur mit einem Auge auf den

Boden, für den Fall, dass es war, wonach es sich angefühlt hatte – eine zerquetschte Maus. Aber glücklicherweise handelte es sich nur um einen kleinen grauen Schlüssel, an dem ein flauschiger Bommel hing. Wahrscheinlich hatte Professor Philips bei Tobys kleiner Kickbox-Einlage nicht nur die Briefe, sondern auch den Schlüssel fallen gelassen.

Eine innere Stimme flüsterte mir zu „Wer's findet, darf's behalten". Eine andere raunte „Gebt dem Kaiser, was des Kaisers ist". Das soll Jesus gesagt haben. Normalerweise wäre ich natürlich Jesus' Rat gefolgt, schließlich arbeitet mein Vater für seinen Vater, aber dieses Mal hatte ich Grund zur Annahme, dass der Kaiser mit der Sache absolut nichts zu tun hatte. Also steckte ich den Schlüssel in die Tasche und lief schnell hinter Toby, Emma und den anderen aus meiner Klasse her. Mr Halitosis war gerade vor irgendeinem bemalten Krug in Begeisterung ausgebrochen und brauchte eine Weile, bis er sich wieder beruhigt hatte.

Der Rest des Museumbesuchs verlief ohne weitere Zwischenfälle – allerdings nur bis zu dem Moment, als

Mr Halitosis die Lunchpakete verteilte, die Mr Appleyard netterweise für uns vorbereitet hatte. Aus irgendeinem Grund ist Mr Appleyard fest davon überzeugt, dass Kinder an einem Tag mehr Milchprodukte essen sollten, als eine Kuh in einem ganzen Jahr herstellen kann. Unsere Sandwiches hatte er großzügig mit Butter und reichlich Frischkäse bestrichen und mit einer dicken Scheibe würzigem Emmentaler belegt. Als Nachtisch bekam jeder zwei Babybel-Käse, einen Joghurt und einen Schokoshake.

Emma war die Erste, der schlecht wurde, als sie gerade auf der obersten Stufe der Marmortreppe stand. Bei Ben, dem alten Nachmacher, war es sechs Sekunden später so weit. Innerhalb kürzester Zeit sah es auf der Treppe aus wie bei den Niagarafällen. Mr Halitosis raufte sich hilflos die drei Haare, die er noch auf dem Kopf hatte, und das Museumspersonal stellte fest, dass es im ganzen Gebäude nur einen einzigen Wischlappen gab.

„Machen Sie sich keine Sorgen“, beruhigte ich Mr Halitosis, „mein Magen ist so standfest wie der Schiefe Turm von Pisa, sagt meine Mum immer. Ich kann schnell zum *Anker* rüberlaufen und ein paar Lappen holen.“

Ich weiß nicht, ob mein verstörter Lehrer mich gehört hatte, aber bevor er einen Ton herausbekam, war ich sowieso schon zum Pub gelaufen. Mein cooler Patenonkel Liam geht dort jedes Mal mit mir essen, wenn er uns in Cambridge besucht. Der Chef vom *Anker* heißt Sam und seinem Sohn Peter gehört der Bootsverleih gleich nebenan.

„Peter!“, rief ich quer durch den Pub. „Du musst schnell rüber ins Museum laufen! Und nimm mindestens zwanzig Lappen mit. Aber pass auf, der Eingang ist mit ekligem Milchbrei überschwemmt, mein Lehrer steht daneben und versinkt in Selbstmitleid und die Leute vom Museum sind total überfordert.“

Peter schien nicht besonders wild zu sein auf diesen spontanen Katastropheneinsatz. „Weißt du, Sunny, ich würde ja gern helfen, aber ich erwarte gerade eine Lieferung Minikanus. Sie könnten jeden Augenblick ankommen …“

„Kein Problem, ich bleibe hier und nehme die Lieferung für dich an. Ich halte Ausschau wie ein Erdmännchen vor seinem Bau und sage den Leuten, wo sie die Boote ablegen sollen.“

Peter blieb nichts anderes übrig, als sich auf den Weg ins Museum zu machen. Kaum war er gegangen, setzte ein weißer Lieferwagen rückwärts in die Einfahrt neben dem Pub und ein muskelbepackter Kerl sprang heraus – er hatte erstaunliche Ähnlichkeit mit den griechischen Statuen, die wir vor der allgemeinen Übelkeitsattacke im Museum bewundert hatten.

„Hey, bist du die Tochter vom Chef?", begrüßte mich der Muskelmann.

„Leider nicht", sagte ich, „meine Eltern haben weit weniger coole Jobs. Ich helfe hier nur aus, Peter musste zu einem kleinen Noteinsatz."

„Wo sollen die hin?", fragte die griechische Statue und lud ein halbes Dutzend knallbunte Kanus aus dem Wagen.

Ich zeigte ihm die Halle hinter dem Pub, wo er die Boote, sechs Paddel und einen Haufen Schwimmwesten ablegte.

„Schnittige Schiffchen", sagte ich. „Sind die schwierig zu steuern?"

Die Statue lachte. „Steuern kann man das nicht mal nennen. Man setzt sich ins Boot und taucht das Paddel ins Wasser. Das schafft selbst mein Zweijähriger."

„Ich glaube nicht, dass der Kinderschutzbund das in Ordnung finden würde", gab ich zu bedenken.

„Okay, also dann … Ich muss wieder los. Sag Peter, wir rechnen später ab", verabschiedete sich der verantwortungslose Rabenvater.

Wahrscheinlich hätte ich ihm ein Trinkgeld geben sollen, aber ich hatte bloß eine Rolle Pfefferminzbonbons, also winkte ich nur.

Knapp zwei Minuten später war Peter auch schon wieder zurück. Er stank ziemlich nach Erbrochenem und hielt sich die Nase zu. „Verdammt, Sunny, was tu ich nicht alles für dich!"

„Du bist ein wahrer Held. Deine Kanus liegen hinten in der Halle."

Ich schüttelte ihm mit spitzen Fingern die Hand, die sich etwas klebrig anfühlte, und lief zurück ins

Museum, wo Mr Halitosis mittlerweile einem Nervenzusammenbruch nahe war. Draußen warteten lauter aufgeregte Eltern, die ihre blassen, zitternden Kinder abholen wollten. Viele beschwerten sich lautstark, dass man sie mitten aus der Arbeit gerissen hätte, sahen aber eigentlich ganz zufrieden dabei aus. Toby gehörte zu den wenigen, denen nicht übel geworden war – kein Wunder, er hatte ja auch elf Jahre Zeit gehabt, sich an den Fraß seines Vaters zu gewöhnen.

„Ich hab's überlebt!", rief ich ihm zu. „Mir ist nicht schlecht geworden, was bedeutet, dass meine Eltern ausnahmsweise mal nicht auf der Matte stehen!"

„Falsch", erwiderte Toby, „ dein Dad ist da drüben."

Schockstarre! Kein Zweifel, dort stand Pastor Spyce in voller Größe und plauderte mit einem Herrn, der einen auffallend hässlichen Ziegenbart trug.

„Dad, du kannst wieder gehen", begrüßte ich ihn und baute mich stolz vor ihm auf. „Ich erfreue mich bester Gesundheit und benötige keinen elterlichen Beistand."

„Wie bitte?", fragte Dad.

„Mir geht es sogar so gut, dass ich gerade eine Lieferung von sechs Kanus und ebenso vielen Paddeln und Schwimmwesten angenommen habe."

„Bist du verrückt? Was sollen wir damit?“

„Wir? Gar nichts, die waren für Peter aus dem Pub.“

„Um Himmels willen! Was hattest du in einem Pub zu suchen?“

„Die Treppe im Museum brauchte dringend einen Frühjahrsputz, deshalb habe ich drüben im Pub nach ein paar zusätzlichen Lappen gefragt.“

„Ich verstehe kein Wort von dem, was du da redest. Wegen dir bin ich doch gar nicht hier“, stammelte Dad verwirrt. „Das Problem mit Sophie ist, dass sie ein egozentrischer kleiner Omphalos ist, der sich für den Mittelpunkt der Welt hält“, fügte er an seinen Gesprächspartner gewandt hinzu. Wieder an mich gerichtet sagte er: „Sophie, das ist Professor Philips, vom Institut für Informatik am Trinity College. Wir wollten hier im Museumscafé zusammen mittagessen.“

„Professor Philips?“, wiederholte ich. „Aber Professor Philips hat das Museum bereits vor Stunden verlassen. Außerdem sah er ganz anders aus.“

„Kein Grund, anklagend mit dem Finger auf Professor *Archie* Philips zu zeigen, nur weil er nicht so aussieht wie sein Bruder, Professor *Ian* Philips“, sagte Dad.

„Ist schon in Ordnung“, sagte Professor Ian Philips’

Bruder Professor Archie Philips und gab mir die Hand. „Freut mich sehr, dich kennenzulernen, junges Fräulein. Dein Vater und ich kennen uns schon seit unserer Jugend."

„Die Freude ist ganz meinerseits, alter Gentleman", antwortete ich liebenswürdig. „Mein Vater und ich kennen uns schon seit meiner Geburt."

„Sophie, tu mir einen Gefallen und lass uns jetzt bitte allein, ja?", flehte mein Vater. Er wirkte ein wenig erschöpft.

Den Gefallen tat ich ihm gern.

☆☆☆

Am Ende waren wir nur ein kleines Häuflein von acht Schülern, die die Überdosis Milcheiweiß überlebt hatten. Wir gratulierten uns gegenseitig zu unseren robusten Mägen und machten uns auf den Weg zur Schule. Den immer noch vollkommen verstörten Mr Halitosis mussten wir an die Hand nehmen und hinter uns herziehen. Kurz vor dem Schultor versuchte ich, ihn ein wenig aufzumuntern: „Ist es nicht erstaunlich, Mr Barnes? Diese ganzen nach saurer Milch stinkenden Sturzbäche und uns ist kein bisschen übel geworden! Und dann diese matschigen, halb verdauten Brotklumpen, die in der Brühe herumschwammen! Also das nenne ich einen glorreichen Sieg!“

Plötzlich hörte ich neben mir ein seltsames Geräusch und begriff, dass Mr Halitosis mir gar nicht mehr zuhörte: Er übergab sich gerade geräuschvoll in einen Busch. Bei jedem Schwall breiteten sich mit Lichtgeschwindigkeit radioaktive Dämpfe um ihn herum aus.

Weil es unfair gewesen wäre, uns mit Mathematik und Geschichte zu quälen, während die anderen sich zu Hause von ihren Eltern verwöhnen ließen, wurde Mrs Appleyard, die eine große Tierliebhaberin war, gebeten, uns mit ein paar netten Filmchen aus dem Tierreich zu unterhalten. Wir sahen, wie eine gefräßige Python eine ganze Bulldogge in sich hineinwürg-

te, wie ein furchtloser Gepard eine Antilope verfolgte und wie ein Flughörnchen, nur mithilfe eines kleinen Hautfetzens zwischen seinen Armen und Beinen, von Ast zu Ast segelte.

Später durften wir draußen auf der Wiese noch ein bisschen Rad schlagen. Die Schüler der anderen Klassen waren ganz schön neidisch auf unsere Supermägen.

Toby ließ auf dem Cam, der direkt an unserem Schulgelände vorbeifließt, ein Papierschiffchen schwimmen. „Guck mal, das fährt jetzt nach Grantchester!"

„Nein, tut es nicht, der Fluss fließt in die falsche Richtung."

Flüsse sind eben eigenwillige Wesen. Wir winkten dem stolzen Schiff auf seiner langen Reise hinterher und stellten uns vor, dass es wie einst Christoph Kolumbus unerforschte Länder entdecken würde.

Als die Glocke den Schultag offiziell beendete, fiel mir plötzlich auf, dass ich im Fall von Jenna Jenkins' Verschwinden keinen Schritt weitergekommen war.

VI

Dies ist der Moment, wo die stolze Meisterdetektivin, die gerade einen schweren Rückschlag einstecken musste, sich in ihren abgewetzten Armsessel sinken lässt und einen Drink mit vielen Eiswürfeln schlürft.

„Du lieber Himmel, Sophie! Was trinkst du da?“

„Apfelsaft on the rocks, Mum. Das schafft die passende Atmosphäre. Siehst du, wenn ich das Glas so in die Hand nehme und leicht schwenke, klirren die Eiswürfel wie in einer echten Detektivgeschichte.“

„Dein Vater hat mir gerade erzählt, dass er dich und Emma gestern Nachmittag auf der Straße aufgegriffen hat. Hatte ich dir nicht gesagt, dass du direkt nach Hause gehen solltest?“

„Von ‚nach Hause gehen‘ hast du etwas gesagt, aber von ‚direkt‘ habe ich nichts gehört.“

Mum verdrehte die Augen und seufzte. „Ich wusste nicht, dass diese anstrengende Teenagerphase neuerdings schon so früh einsetzt."

„Bei unserer Tochter hat sie bereits im Alter von zwei Jahren angefangen", bemerkte Dad.

Bei dem Gedanken zuckten die beiden merklich zusammen. Sie schienen keine besonders guten Erinnerungen an jene Zeit zu haben.

„DAD!"

„Du lieber Himmel! Was ist denn jetzt schon wieder, dass du kreischst wie ein Äffchen?"

„Ich habe ganz vergessen, dich zu fragen, was aus der Ente geworden ist!"

„Ist das ein Grund, so laut zu schreien, dass man dich bis Australien hört? Deine Ente ist in Sicherheit. Sie ist ins Emmanuel College umgezogen und hat dort viele neue Freunde gefunden. Zufrieden?"

Ich atmete erleichtert auf. Und ob ich zufrieden war – was man jedoch von Kater Mortimer nicht behaupten konnte. Ich sah ihm seine miese Laune schon an, als er ins Zimmer spazierte. Man hatte ihm all seine schöne fette Beute weggenommen. Erst heute Morgen die Socke und jetzt war auch noch die Ente verschwunden. Ja, so ein Katzenleben kann manchmal hart sein! Ich fischte den rätselhaften Schlüssel aus meiner Hosentasche.

„Guck mal, was ich hier habe, mein kleines süßes Miezekätzchen“, säuselte ich und ließ den Bommel vor Kater Mortimers Nase hin und her baumeln. „Das ist fast so gut wie eine schwangere Ente!“

Kater Mortimer versetzte dem Bommel einen verächtlichen Hieb mit der Tatze und funkelte mich böse an. Dann stolzierte er mit hoch erhobenem Schwanz aus dem Raum und zeigte mir demonstrativ sein Hinterteil.

Ich sah mir den zerzausten Bommel genauer an. Unter dem weichen Flausch war ein dünnes weißes Stoffband mit einer Nummer zum Vorschein gekommen. 3901. Während ich über die Bedeutung dieser Zahlenkombination nachdachte, traf mich Mums misstrauischer Röntgenblick. „Was hast du da?“

„Nichts.“

„Das ist nicht nichts, das ist ein Schlüssel.“

„Ich finde den Bommel viel interessanter.“

„Wo hast du ihn gefunden?“

„Auf dem Fußboden.“

„Wo auf dem Fußboden?“

„Weiß ich nicht mehr.“

Mum schickte einen Blick zur Zimmerdecke, als ob sie insgeheim hoffte, dass mir ein ausreichend großes Stück davon auf den Kopf fallen würde. „Du bist unmöglich!“, explodierte sie. „Wenn du den Schlüssel nicht bis morgen wieder dorthin zurückgebracht hast, wo er hingehört, kannst du dich auf etwas gefasst machen! Ist das klar?“

„Ja, Mum.“

„Es tut dir also leid?“

„Ja, Mum.“

„Weißt du, was man mit Dieben macht?“

„Ha, darauf falle ich nicht rein! Ich bin noch viel zu jung, um ins Gefängnis zu kommen. Ich stehe unter Schutz, wie die vom Aussterben bedrohten Tierarten.“

„Geh sofort auf dein Zimmer! Dort kannst du über deine Schandtaten nachdenken!“, brüllten Dad und Mum gleichzeitig. Das bestätigte, was ich schon immer vermutet hatte: Sie haben nur geheiratet, um als Duo aufzutreten.

☆☆☆

Ich ging auf mein Zimmer und dachte angestrengt über meine Schandtaten nach. Und je länger ich darüber nachdachte, desto klarer wurde mir, wie schlecht ich mich benommen hatte. Ich vergoss heiße Tränen in mein Kopfkissen und schluchzte: „Hätte ich diesen Schlüssel doch niemals aufgehoben! Ach, hätte ich ihn doch zum Fundbüro gebracht! Meine Eltern haben recht – man sollte mich bei Wasser und Brot in den Kerker werfen!“

Dann überlegte ich, was ich tun könnte, um alles wiedergutzumachen. Was hatte Mum gesagt? Wenn ich den Schlüssel nicht bis morgen zurückgebracht hätte, sollte ich mich auf etwas gefasst machen. Aber was genau meinte sie mit „bis morgen“? Es war sieben Uhr und draußen dämmerte es bereits. Vielleicht meinte sie bis morgen Abend. Aber es wäre sicher nicht nett, einen verlorenen Gegenstand so lange zu behalten.

Dann also bis morgen Mittag. Aber was wäre, wenn Professor Philips den Schlüssel schon morgen früh bräuchte? Demnach müsste ich ihn bis 0:01 Uhr heute Nacht zurückgebracht haben, was eindeutig „morgen" bedeutete.

Endlich hatte ich verstanden, was Mum gemeint hatte: Ich sollte nach dem Abendessen das Haus verlassen und den Schlüssel dorthin zurückbringen, wo ich ihn gefunden hatte, bevor die Uhr Mitternacht schlug. Was mich, unter uns gesagt, ziemlich überraschte. Niemals hätte ich damit gerechnet, dass Mum mich nach Einbruch der Dunkelheit allein zum Fitzwilliam-Museum schicken würde. Aber die elterlichen Launen ändern sich oft schneller als die wechselnden Winde in Cambridge.

***

„Du willst schon ins Bett gehen?"

„Ja, es wird langsam spät."

„Aber es ist erst Viertel vor neun. Bist du krank?"

„Nein, ich bin nur wahnsinnig müde. Siehst du! Aaahhh."

„Schon gut, schon gut, du musst deinen Mund nicht aufreißen wie ein Löwe. Also dann, Gute Nacht."

„Gute Nacht, Mummy! Gute Nacht, Daddy! Gute Nacht, Kronleuchter! Gute Nacht, Mond!“

„Ab ins Bett mit dir!“

Gehorsam lief ich nach oben. Doch statt unter die Bettdecke schlüpfte ich in meine Meisterdetektivinnen-Uniform, die aufgrund mangelnder Nähkünste lediglich aus meiner Schuluniform und meinen Rollerskates bestand. Die Skates warf ich aus dem Fenster und rutschte am Baumstamm hinunter auf die Terrasse. Ich huschte durch das kleine grüne Gartentor und überquerte den dritten Hof. Auf keinen Fall durfte ich einem dieser humorlosen Gelehrten in die Arme rennen, die überhaupt keinen Spaß verstanden und mich sofort verpetzen würden. Genau wie meine Eltern haben sie etwas dagegen, wenn ich auf acht Rädern übers Unigelände flitze. Oder auf überhaupt irgendwelchen Rädern, wie mir eine Kollegin meiner Mutter signalisierte, nachdem ich auf meinem Einrad in ihr Bürofenster gekracht war.

Glücklicherweise lief mir an diesem Abend keiner dieser Langweiler über den Weg. Ich verließ das College-Gelände durch den

Hintereingang, zog meine Rollerskates an und sauste durch die dunkle Nacht von Cambridge.

Ehrlich gesagt waren die Straßen unserer ehrwürdigen Universitätsstadt erstaunlich gut beleuchtet und längst nicht so gefährlich, wie meine Eltern immer behauptet hatten. Anstelle von bösen Kidnappern und anderen zwielichtigen Gestalten begegnete ich alten Damen, die ihre Hündchen ausführten, und Studenten mit orangefarbenen Einkaufstüten. Ein Gesicht kannte ich.

„Hi, Fiona!“

„Sunny! Bei deiner Bremstechnik bleibt einem ja das Herz stehen! Was hast du vor?“

„Geheime Ermittlungen. Aber verrat das bloß nicht meinen Eltern.“

„Keine Angst, ich bin nicht jeden Tag bei ihnen zum Tee eingeladen. Hoffentlich nichts Gefährliches?“

„Was meinst du mit gefährlich? Krokodile, Vampire, Arsen?“

„Schon gut, du musst es mir nicht sagen“, grinste Fiona. „Bis bald, man sieht sich.“

„Klar! Oh, cooles T-Shirt!“ Auf ihrem Kapuzen-Shirt war um den Halsausschnitt ein Stethoskop aufgedruckt, dazu viele kleine Taschen, in denen medizinische Instrumente steckten.

„Ja, finde ich auch. Ich hab's heute von irgendeiner T-Shirt-Firma zugeschickt bekommen, sogar kostenlos. Anscheinend ist es eine Werbeaktion. Ein lustiger Zufall, wo ich doch Medizin studiere!"

Sie winkte zum Abschied, und als ich ihr hinterhersah, fiel mir auf ihrem Rücken das große C in einem Kreis auf. Irgendwo hatte ich das schon einmal gesehen.

Ich beschleunigte wieder und flitzte am Marktplatz und an der Kirche vorbei, wo die Turmuhr gerade neun schlug. Der dicke runde Vollmond hing tief am dunklen Himmel und tauchte die Kapelle vom King's College in silbriges Licht.

Auch die schlanken Säulen des Fitzwilliam-Museums schimmerten in der Dunkelheit, als wären sie aus Silber. Die großen Eisentore waren alle fest verschlossen. Kurzerhand warf ich meine Rollerskates über die Steinmauer und kletterte hinterher. Ich landete auf

der anderen Seite im Gras und schlich zu einem der Seiteneingänge. Auch hier war alles verrammelt.

Was hatte ich denn erwartet? Ratlos knetete ich meine Handgelenke und sah in den Himmel. Ich war verdammt schlecht vorbereitet! Doch dann entdeckte ich in der Mauer neben der Tür ein kleines Kästchen mit einem Pinpad. Einen Versuch war es wert. Ich tippte 3901. Mit einem leisen Klicken sprang die Tür auf und ich spazierte hinein.

Ich weiß nicht, ob ihr schon mal auf Socken durch ein Museum gelaufen seid, aber es ist das Tollste überhaupt! Ein bisschen so wie Schlittschuh laufen. Ich konnte nicht widerstehen, nahm Anlauf, schlitterte durch die griechische Antikensammlung, sprang in der Keramikausstellung einen Dreifach-Axel, rutschte ein paarmal aus und brach mir an einem ägyptischen Steinquader fast das Genick. Irgendwann fiel mir siedend heiß ein, warum ich eigentlich hier war. Schuld daran war eine unscheinbare Visitenkarte in einer Plastikhülle, die an einer weißen Tür klebte:

Professor Ian Philips

Lehrstuhl für Altphilologie

Trinity College

„Bingo!“

Ich steckte den Schlüssel ins Schlüsselloch und drehte ihn nach rechts.

Nichts passierte.

Ich drehte ihn nach links.

Wieder nichts.

Ich konzentrierte mich auf den Schlüssel und sagte: „Alohomora!“

Immer noch nichts.

„Sesam, öffne dich!“

Keine Reaktion.

Ratlos starrte ich auf die Tür. Dabei hätte ich einen guten Rat wirklich gebrauchen können. Denn aus dem Flur drang plötzlich das Geräusch sich nähernder Schritte, begleitet von zwei Stimmen: „Wir haben bereits erste positive Ergebnisse. Die Sache scheint zu funktionieren.“

„Hervorragend. Wirklich gut angelegtes Geld.“

„Das sich noch lange auszahlen wird.“

„Vor allem dank deiner Unterstützung.“

„Ohne deine Überredungskünste hätten wir es nicht geschafft.“

Abgesehen davon, dass diese Unterhaltung überhaupt keinen Sinn ergab, saß ich auch noch in der Falle. In einer Ecke, in der es nur eine Tür gab, die sich nicht öffnen ließ, und daneben …

… eine Besenkammer! Das konnte meine Rettung sein. Ich rüttelte an der Tür. Abgeschlossen! Wer bitte schließt eine Besenkammer ab? Kein Wunder, dass sie heute Vormittag keine Lappen gefunden hatten!

Die Schritte und die beiden Stimmen kamen immer näher.

„Ist mit dem Mädchen alles in Ordnung?"

„Es geht ihr gut. Wir haben uns geeinigt."

„Wie viel?"

„Unwichtig. Diese Zarina bereitet mir viel mehr Sorgen."

Zarina, registrierte ein Teil meines Gehirns, während der andere herauszufinden versuchte, wie sich diese blöde Besenkammer öffnen ließ.

Wieder einmal war es überaus nützlich, mindestens so viele Verknüpfungen im Gehirn zu haben wie das Universum Sterne. Wozu hast du einen Schlüssel?, fragte eine winzige Gehirnzelle.

Und bevor mir überhaupt klar war, dass ich sie aufgeschlossen hatte, hockte ich schon in der rettenden Besenkammer.

Auf dem Gang hielten die Schritte an.

Jetzt erkannte ich auch die Stimmen – Ians sanfte, tiefe und Archies gut gelaunte, deutlich höhere Stimme. Kein Zweifel, die Philips-Brüder.

Man hörte leises Geraschel.

„Sag bloß, dass du deinen Büroschlüssel auch noch verloren hast", schimpfte Archie.

„Nein, hier ist er. Aber wo der andere Schlüssel geblieben ist, weiß ich immer noch nicht. Gott sei Dank habe ich ihn erst verloren, nachdem sie weg war."

„Kannst du dir das vorstellen?", flüsterte Archie. „Kannst du dir vorstellen, sie wäre noch da drin gewesen?"

„Es ist ja noch einmal gut gegangen. Kein Grund, sich darüber Gedanken zu machen."

Die Tür zum Büro des Professors wurde geöffnet und ich hörte einen Lichtschalter klicken. Durch ein Lüftungsgitter oben in der Seitenwand fielen drei schmale Lichtstrahlen in mein Versteck.

Erst in diesem Moment stellte ich fest, dass die Besenkammer viel geräumiger war, als ich gedacht hatte. Außerdem konnte

ich keinen einzigen Besen darin entdecken. Stattdessen erspähten meine Adleraugen eine Luftmatratze (ohne Luft), einen Schlafsack (zusammengerollt), einen Stapel Tim-und-Struppi-Comics und eine leere Packung Haferkekse.

Plötzlich formte sich in meinem Gehirn aus dem, was schon eine ganze Weile meine feine Spürnase gekitzelt hatte, ein seltsamer Gedanke: Irgendwie roch es in diesem Schrank, als wäre meine Mutter vor Kurzem hier drin gewesen.

Das überraschte mich etwas, da Mum nicht jemand ist, der es sich in einer Besenkammer gemütlich machen, ein paar Kekse knabbern und kichernd einen Haufen Comics lesen würde. Aber es musste eine Erklärung dafür geben, dass in diesem seltsamen Schrank eindeutig ein Hauch ihres Parfüms hing.

Wie aus dem Nichts tauchte die Erklärung plötzlich vor meinem inneren Auge auf. Natürlich! Das Geburtstagsfoto, das Jeremy mir gezeigt hatte! Jenna Jenkins, die gerade ihre Geschenke auspackte. Einen blauen Teddybären. Ein Paar Ballettschuhe. Und eine Flasche Parfüm. Das gleiche, das Mum auch benutzte.

Ich war mir hundertprozentig sicher: Jenna Jenkins musste vor Kurzem hier drin gewesen sein.

Und Tobys Fuß hatte ins Schwarze getroffen. Ian Philips war ein Kidnapper.

Mum hätte mich bestimmt nicht losgeschickt, um den Schlüssel zurückzubringen, wenn sie das geahnt hätte.

☆☆☆

Aus dem Büro hörte man nur noch leise Klickgeräusche. Natürlich gibt es jede Menge guter Gründe, zusammen mit seinem Bruder abends auf dem Computer herumzutippen. Wer weiß, vielleicht bastelten sie an einem hübschen Fotobuch zum Geburtstag ihrer lieben Mummy. Doch mein detektivisches Gespür sagte mir, dass die beiden sich aus einem anderen Grund zu so später Stunde hier getroffen hatten.

Todsicher hatte Professor Ian Philips die arme Jenna Jenkins gekidnappt und sein feiner Bruder Archie steckte mit ihm unter einer Decke. Anscheinend hatten sie Jenna zwar wieder freigelassen, aber ich traute ihnen dennoch nicht über den Weg. Außerdem hatten sie bestätigt, was mein untrügliches Meisterdetektivinnen-Radar schon die ganze Zeit meldete: Auch diese rätselhafte Zarina hatte etwas mit dem Verschwinden von Jenna Jenkins zu tun. Aber was?

Noch eine knappe Viertelstunde lauschte ich dem verdächtigen Schweigen, dann öffnete ich vorsichtig die Tür der Besenkammer und machte mich aus dem Staub. Den Schlüssel nahm ich mit. Schließlich konnte ich ihn nicht im Museum zurücklassen, so voll wie er sicher mit meinen Fingerabdrücken war. Wenn die Polizei ihn fand, würde sie am Ende noch glauben, *ich* hätte Jenna Jenkins entführt!

Auf Socken schlich ich aus dem Gebäude, kletterte wieder über die Mauer und zog meine Rollerskates an. Dunkles Schweigen lag über der Stadt, als ich an den dicken Mauern der Universitätsgebäude vorbeisauste. Unterwegs warf ich den Schlüssel in den Cam und schlich durch den Hintereingang in unseren Garten.

Kater Mortimer erwartete mich auf der Terrasse. Er zuckte nicht mal mit den Schnurrhaaren, als ich zurück in mein Zimmer kletterte. Ich hatte gerade noch Zeit, ins Bett zu hechten und die Augen fest zuzukneifen, als ich leise Schritte auf der Treppe hörte. Im nächsten Augenblick wurde die Tür einen Spaltbreit geöffnet.

Ich hörte Mums Stimme: „Siehst du, sie schläft."

Dad: „Mit ihren Rollschuhen im Arm."

Mum: „Nicht drüber nachdenken!"

VII

„Was ist denn das für ein Schund!“

„Du hast ja eine nette Art, Guten Morgen zu sagen, Dad.“

„Ich habe nicht dich gemeint, Sophie, sondern das hier.“

„Was ist das?“

„Ein Bestellkatalog für Entenzüchter, er war heute Morgen in der Post, an mich adressiert!“

Er sah das Ding an, als wäre es eine tickende Zeitbombe, und warf es auf den Tisch. „Die Glückliche Ente“, las ich und passend zum Thema lachte einem vom Titelblatt eine quietschgelbe Ente entgegen. Ein paar Zentimeter darunter stand wieder das Logo mit dem eingekringelten C, das ich auch auf Fionas T-Shirt und noch irgendwo anders gesehen hatte. Ich blätterte den Katalog durch. Lauter nützliche Dinge für begeisterte Entenzüchter. Kraftfutter! Eierbrüter! Wärmedecken für kleine frierende Entlein!

„Das ist doch toll! Ich finde, das sollten wir ausprobieren! Guck mal, hier gibt es eine Erstausstattung für den jungen Entenfreund für nur 124,99 Pfund! Kannst du die für mich bestellen? Bitte, bitte, liebster Daddy, bitte!"

Aber Dad verdrehte nur die Augen.

„Einen wunderbaren Guten Morgen, liebste Mummy, hast du zufällig gute Laune?"

„Warum? Willst du etwas beichten?"

„Ja."

„Oje, dann ist es mit meiner guten Laune sicher gleich vorbei. Also, schieß los, Sophie, was gibt's?"

„Zwing mich bitte nicht, meine Quellen offenzulegen, aber ich habe eindeutige Beweise dafür, dass es sich bei dem Entführer von Jenna Jenkins um keinen Geringeren als Professor Ian Philips handelt. Und nach meinen neuesten Erkenntnissen ist sein Bruder, Professor Archie Philips, so etwas wie ein Komplize. Die beiden haben das arme Mädchen in eine Besenkammer im Fitzwilliam-Museum eingesperrt."

Mum sah hinüber zu Dad, der hinüber zu Mum

sah, dann brachen beide in lautes Gelächter aus. Eltern können manchmal echt gefühllos sein.

„Das Gute an Sophie ist, dass sie eine fantasievolle kleine Scheherazade ist“, stellte Dad fest, als er sich wieder beruhigt hatte. Haha!

„Nein, im Ernst, ihr müsst mir glauben! Ian Philips hat Jenna Jenkins entführt und sie in einen Schrank gesperrt. Mit einer Packung Kekse und einem Stapel Comichefte hat er sie da drin gefangen gehalten! Ich weiß zwar noch nicht, wo Jenna jetzt ist, aber das ist die volle Wahrheit! Und Archie Philips ist in die Zarina-Affäre verwickelt! Die beiden benutzen das Museum als Basis für ihre illegalen Aktivitäten …“

„Mein hinreißendes, verrücktes kleines Mädchen“, gurrte Dad. „Lauf schnell und zieh dich an, du kommst noch zu spät zur Schule.“

„Dad, ich schwöre bei Gott …“

„Du sollst nicht bei Gott schwören.“

„Ich schwöre beim Erzengel Gabriel …“

„Du sollst überhaupt nicht schwören.“

„Aber, Dad, sehe ich aus, als ob ich Witze mache? Das ist kein Scherz, hier geht es um ein Verbrechen, und du musst die Polizei anrufen, denn wenn ich es tue, werden sie mir bestimmt nicht glauben …“

„Du hast ganz recht, das werden sie wohl nicht. Jetzt geh und zieh deine Schuluniform an.“

„Aber die beiden Philipse sind die Einzigen, die uns sagen können, wo Jenna Jenkins ist!“

„Ach, Sophie“, seufzte Mum mit einem sanften Lächeln. „Es hat sich längst alles aufgeklärt. Wir wissen, wo Jenna Jenkins ist.“

Ich riss die Augen so weit auf, dass mir beinahe die Pupillen herausgefallen wären. „Wie bitte?“

„Wir haben heute Morgen einen Brief von Jenna erhalten. Es ist genau so, wie wir bereits vermutet hatten.

Sie hatte einen Nervenzusammenbruch und ist für ein paar Tage nach London gefahren. Als sie erfuhr, dass hier alle Welt nach ihr suchte, hat sie uns in einem Brief alles erklärt. Sie hat sich immer noch nicht wieder ganz gefangen und musste ihre Examensprüfung für dieses Jahr leider absagen."

„Siehst du", sagte Dad, „es gibt gar keinen Grund sich Sorgen zu machen, meine kleine Geschichten-Erfinderin."

☆☆☆

Als ich Emma und Toby auf dem Schulsportplatz traf, hatte ich vor lauter Grübeln Falten auf der Stirn, aber die ganze Sache immer noch nicht verstanden.

„Was machst du für ein Gesicht?", fragte Emma.

„Erstens: Wir haben gleich Sport. Und zweitens: Ob ihr's glaubt oder nicht, aber Jenna Jenkins ist plötzlich auf wundersame Weise wieder aufgetaucht."

Die beiden bekamen vor Staunen den Mund nicht mehr zu, besonders als ich von meiner Nacht-und-Nebel-Aktion berichtete.

„Ich kapier das nicht", sagte Toby schließlich. „Wenn Jenna Jenkins behauptet, sie wäre in London gewesen, wer war dann in diesem Schrank eingesperrt?"

„Es kann niemand anders gewesen sein. Nur sie wurde vermisst! Wenn Jenna Jenkins behauptet, sie wäre in London gewesen, dann lügt sie. Ich wette, sie hat mindestens eine so lange Nase wie Pinocchio. Jenna war hundertprozentig in diesem Schrank, ich habe sie gerochen!"

Toby knotete die Schnürsenkel seiner Sportschuhe fest. „Du könntest aber auch falschliegen, Sunny. Vielleicht hat es in dem Schrank gar nicht nach dem Parfüm deiner Mutter gerochen, sondern nur nach irgendwelchen Putzmitteln."

„Willst du etwa behaupten, meine Mum riecht nach Fliesenreiniger?"

„Hört auf damit", schaltete Emma sich ein. „Meint ihr nicht auch, dass wir die Sache einfach vergessen sollten? Was auch immer mit Jenna Jenkins passiert ist, jetzt ist sie jedenfalls wieder aufgetaucht und gesund und munter. Und was für krumme Geschäfte die Herren Professoren treiben, geht uns nichts an. Erstens geht es dabei wahrscheinlich sowieso um langweiliges Zeug, wie die meisten Geschäfte, und zweitens schrecken sie anscheinend nicht davor zurück, andere Leute in Schränken einzusperren. Und darauf bin ich wirklich nicht besonders scharf."

„Immerhin hätte man dann eine gute Ausrede, um nicht am Sportunterricht teilzunehmen", sagte ich.

Emma und Toby fingen an, sich warm zu machen. Mr Halitosis hüpfte schon die ganze Zeit wie ein verrückter Gummiball auf der Stelle – wahrscheinlich wollte er seinen Bierbauch loswerden – und keuchte dabei: „Los, Kinder, ihr schafft das! Ihr wisst gar nicht, welche Kräfte in euch schlummern!"

„Ich kann nicht mitlaufen, Mr Barnes, ich hab mir den Knöchel verstaucht."

„Nette Geschichte, Sophie! Nächstes Mal erzählst du mir, du hättest dir den Pferdeschwanz gebrochen!"

„Ehrlich gesagt, tut er mir tatsächlich ein bisschen weh."

„Lauf! Laufen macht den Kopf leer."

„Das erklärt einiges", murmelte ich.

Ich lief ungefähr zehn Minuten, ohne dass mein Kopf leerer wurde. Genau genommen brummte mein Schädel wie Kater Mortimer, wenn man ihn am Bauch krault. Vor lauter ungelösten Rätseln verdrehten sich meine Gehirnwindungen allmählich zu einem komplizierten Zopfmuster.

Kein Zweifel, die Philips-Brüder waren ein ausgekochtes Gaunerpärchen. Leider hatte ich, abgesehen von der Tatsache, dass einer von ihnen einen Ziegenbart und der andere einen Schnurrbart trug, keinerlei Beweise gegen die beiden in der Hand. Jenna Jenkins hatte angegeben, dass sie weder gekidnappt noch von irgendjemandem eingesperrt worden war. Ich hätte natürlich von dem verdächtigen Gespräch berichten können, das ich belauscht hatte, doch anstatt mir zu glauben, würden meine Eltern mich dafür bestrafen,

dass ich mitten in der Nacht allein zum Museum gefahren war. Und das, obwohl Mum mir selbst gesagt hatte, ich solle den Schlüssel *umgehend* zurückbringen. Eltern wissen manchmal nicht, was sie wollen.

„Dass dieser Professor Philips ein gemeiner Gauner ist, wundert mich gar nicht“, schnaufte Toby, der auf der Bahn neben mir lief. „Er sah echt gruselig aus.“

„Apropos gruselige Leute“, mischte Emma sich ein, „was stand eigentlich in seinem Brief an deine Mum?“

„Keine Ahnung …“ Den Brief hatte ich in der ganzen Aufregung total vergessen. „Wahrscheinlich irgendwas wegen ihrer Geschäftstreffen.“

„Hoffentlich ist er im Geschäftemachen besser als in Rechtschreibung“, bemerkte Emma abfällig.

„Wie meinst du –?“

„Sophie Spyce, nennst du das etwa Laufen?“, blaffte Mr Halitosis dazwischen.

„Ja, Mr Barnes, das ist eine besondere Lauftechnik, die ich selbst erfunden habe. Sie ist längst nicht so ermüdend wie normales Laufen.“

„Ich fürchte, diese Technik hat schon jemand vor dir erfunden und sie Gehen genannt. Ich will dich laufen sehen!“

Ich ahnte, dass er nicht mit sich handeln lassen

würde, und spurtete schnaufend hinter Emma her. „Was … meintest … du … eben … mit … Rechtschreibung?“

„Ist dir das nicht aufgefallen? Die Adresse auf dem Umschlag war voller Fehler! Ich gebe ja zu, dass nicht jeder so gut in Rechtschreibung sein kann wie ich, aber wer bitte vergisst in ‚Cambridge‘ das ‚d‘?“

Ich blieb wie angewurzelt stehen und hielt Emma an der Kapuze fest (sie gurgelte ein bisschen). „Rechtschreibfehler! Mensch, Em! Wieso hast du mir das nicht schon früher gesagt?“

„Das wollte ich ja, aber dann ist mir auf der Treppe im Museum furchtbar schlecht geworden, weißt du nicht mehr? Außerdem ist es doch nicht so wichtig!“

„Doch, das ist wichtig, und wie! Das ist die Lösung!“ Mittlerweile war auch Toby neugierig geworden, also klärte ich die beiden auf. „Pastor Tan hat meinem Vater doch erzählt, dass Jenna Legasthenikerin ist! Dieser Brief war also gar nicht von Professor Philips, sondern von Jenna. Er hat ihn nur überbracht! Bestimmt hat er sie gezwungen, den Brief an meine Mutter zu schreiben!“

„Sophie Spyce! Wenn du nicht sofort weiterläufst, schicke ich dich zum Direktor!“, brüllte Mr Halitosis.

Rundherum ließen alle Blumen, über die sein verseuchter Atem wehte, schlagartig die Köpfe hängen.

Ich schoss meinen bösesten Blick auf ihn ab und trabte widerwillig los. Toby und Emma blieben dicht hinter mir.

„Er … hat … sie … gezwungen … den Brief … zu schreiben … bevor er sie … aus dem Schrank gelassen hat … und Mum hat … das alles geglaubt!"

„Mensch, Sunny, du warst auch schon mal besser in Form", stellte Emma fest. „Du hechelst wie ein müder Labrador!"

„Seiten…stechen …" Ich blieb stehen. „Mr Barnes, ich kann nicht mehr. Ich habe ganz fürchterliches Seitenstechen. Wenn ich noch einen Schritt laufen muss, platzt mir der Magen. Darf ich bitte aufhören?"

„Kommt überhaupt nicht infrage!"

So eine Quälerei. Ich lief wieder los. „Jenna … hatte gar keinen … autsch! … Nervenzusammenbruch! Sie … wurde … entführt!"

„Aber warum sollte Professor Philips sich die ganze Mühe machen, wenn er sie sowieso wieder freilassen wollte?“, fragte Toby. „Und warum ist Jenna danach nicht sofort zur Polizei gegangen? Das ergibt doch keinen Sinn!“

„Wie … kannst du nur … beim Laufen … so ruhig sprechen? Wir müssen … herausfinden, was sie vorhatten … Vielleicht haben sie Jenna gedroht … sie umzubringen … falls sie der Polizei … etwas verrät …“

„Quatsch“, meinte Emma, „in dieser Stadt wird doch niemand umgebracht! Ich bin sicher, dass es nicht Jennas Brief war. Wer weiß, vielleicht ist der Professor auch Legastheniker …“

„Unsinn! Jenna … wurde gezwungen … diesen Brief zu schreiben … genauso wie ich gerade … gezwungen werde … auf dieser dämlichen … Aschenbahn herumzulaufen … Und ich werde … es beweisen.“

Doch bevor ich es beweisen konnte, gab es in der Schulkantine Mittagessen. Wobei eigentlich nur Toby etwas aß. Wir anderen stocherten mit knurrendem Magen auf unseren Tellern herum und weigerten uns, auch nur einen Bissen zu probieren. Am anderen

Ende des Speisesaals stand Mr Appleyard und starrte kleinlaut auf seine Hände.

„Habt ihr wirklich keinen Hunger?“, fragte Toby schmatzend und spuckte dabei ein paar Kohlfetzen in die Runde. „Es ist echt lecker!“

„Ich gönne meinem armen, gequälten Magen eine kleine Pause“, sagte Emma spitz.

„Tja, keine Ahnung, was gestern im Museum los war“, erwiderte Toby. „Wahrscheinlich irgendwelche Bazillen in der Luft.“

Emma und ich sahen ihn sprachlos an. „Meinst du nicht, dass es am Essen gelegen haben könnte?“, fragte Emma vorsichtig.

„Nein, das glaube ich nicht. Wir haben ja nur gegessen, was mein Vater uns mitgegeben hatte. Also kann es das nicht gewesen sein.“

„Ach, übrigens, Sunny“, wechselte Emma das Thema, „ich habe dir das neue Programmheft von unserer Schwanensee-Aufführung mitgebracht. Sie haben es komplett neu gedruckt, ohne Jennas Namen! Du kommst doch Freitagabend zur Premiere, oder?“

„Na klar, gern“, log ich, während sie in ihrer Tasche nach dem Programmheft kramte. „Was ist mit dir, Toby?“

„Lieber reiße ich mir die Fußnägel mit einer rostigen Pinzette aus."

„Super. Vielen Dank auch, Toby", gab Emma beleidigt zurück. „Hier, Sun."

Sie reichte mir die neue Broschüre. Die Titelseite war unverändert – jetzt fiel mir wieder ein, wo ich das Logo mit dem großen C zuerst gesehen hatte! Aber warum tauchte es auch auf Fionas Kapuzenshirt und auf Dads Entenzucht-Katalog auf?

Auf der ersten Seite sprang mir wieder das Angeber-Foto von Edwin entgegen. Danach folgten ein Foto und ein kurzer Text über das Mädchen, das für Jenna eingesprungen war und nun die Hauptrolle der Odette tanzen würde.

„*Anastasia* Vance?" Ich sah Emma fragend an.

„Ja, anscheinend ist Stacy nur ihr Spitzname. Anastasia klingt ja auch ziemlich übertrieben, wenn du mich fragst."

„Wovon schprescht ihr? Anaschtaschia?" Toby kaute gerade angestrengt auf einer gräulichen Scheibe Roastbeef herum. Seine Zähne schafften es kaum, das zähe Fleisch zu zerkleinern. Wir warteten geduldig, bis er das Stück endlich hinuntergewürgt hatte. Sein Hals schwoll an wie bei einer Boa constrictor, die gerade ein Elefantenbaby verschlingt. „Den hab ich vor ein paar Tagen geguckt, als ihr mich sitzen gelassen habt. Ihr hättet lieber zu mir kommen und euch den Film ansehen sollen."

„Wir reden über eine Person, nicht über deinen dämlichen Film", erklärte Emma.

„Der Film war nicht dämlich! Der war sogar ziemlich cool! Es geht um diesen russischen Typen, der alle anderen umbringen will – und dieses Mädchen, Anastasia, weiß nicht mal, dass sie eine Prinzessin ist, und dann …"

„Eine Prinzessin?", platzte ich heraus und hätte mich beinahe verschluckt. „Eine russische Prinzessin?"

„Was denn sonst!", rief Toby. „Mensch, Sunny, es geht doch um diese russische Prinzessin. Die als Einzige überlebt hat, als die ihre ganze Familie umgebracht haben. Ich leih dir die DVD. Vielleicht."

„Eine russische Prinzessin", wiederholte ich. „Eine Zarina. Die Anastasia heißt."

Emma und ich sahen uns bedeutungsvoll an, woraufhin Toby merkte, dass ihm irgendetwas entgangen sein musste. Also erzählten wir ihm die ganze Geschichte. Wie Dad uns auf der Straße aufgegriffen und zu seinem Treffen mit Pastor Tan geschleift hatte, der

von dieser geheimnisvollen Zarina erzählt hatte, und dem plötzlich auf rätselhafte Weise abgebrochenen Kontakt, gerade als sie ihm etwas Wichtiges mitteilen wollte.

„Illegale Aktivitäten an ihrem Institut …", wiederholte Toby. „Falls diese Stacy wirklich eure Zarina ist, muss damit das Informatik-Institut gemeint sein. Hier steht's", er zeigte auf die Seite im Programmheft, „sie studiert Informatik am Trinity College."

Sofort meldete sich mein Meisterdetektivinnen-Radar. „Archie Philips ist Informatik-Professor am Trinity!"

„Was für ein merkwürdiger Zufall", sagte Emma.

„Aber warum hat diese Zarina dann nicht ihm erzählt, was sie herausgefunden hat, sondern diesem Pastor?", flüsterte Toby.

Mein Meisterdetektivinnen-Gehirn funktionierte wie von selbst und setzte automatisch die fehlenden Puzzleteile zusammen. „Weil sie vielleicht herausgefunden hat, dass er selbst in die Sache verwickelt war? Also musste sie sich an jemand anderen wenden. Aber das ist noch nicht alles. Wem würdest du dich anvertrauen, wenn du mal nicht mehr weiterweißt? Abgesehen vom College-Pastor?“

„Meiner besten Freundin?“, riet Emma.

„Genau. Vor allem wenn deine beste Freundin gleichzeitig eine äußerst neugierige Enthüllungsjournalistin ist …“

„Jenna Jenkins? Du glaubst, Stacy hat Jenna Jenkins alles erzählt?“

„Ist es nicht seltsam, dass Jenna von Ian Philips gekidnappt wurde, kurz nachdem ihre beste Freundin Stacy herausgefunden hatte, dass dessen Bruder Archie krumme Geschäfte macht?“

Emma nickte. „Das sind wirklich ein paar merkwürdige Zufälle zu viel.“

☆☆☆

Zufälligerweise lautete das Thema der Englischstunde an diesem Nachmittag … „Zufälle“.

„Heute werden wir uns mit dem Zufall beschäftigen. Was ist ein Zufall? Fällt dir dazu etwas ein, Lucas?“

„Zum Beispiel, wenn ich mir mitten im Unterricht wünsche, dass der Feueralarm losgeht, damit wir raus auf den Schulhof können, und wenn dann gerade wirklich der Feueralarm losgeht …“

DRiiiiiiiiiiiiiiiiiiiiiiNNNNNNNNNG,

hallte es in diesem Moment durchs Schulgebäude.

„… das wäre ein Zufall.“

Genau wie jetzt.

Mr Halitosis starrte Lucas wie vom Blitz getroffen an und schien das Ganze zunächst für einen schlechten Scherz zu halten. Dann besann er sich und stotterte verwirrt die üblichen Anweisungen: „Ja, also … Ruhe bewahren und kein Gerenne bitte, wir gehen langsam und geordnet alle gemeinsam nach unten auf den Schulhof.“

Nachdem wir ungefähr zehn Minuten unseren Spaß gehabt hatten, durften alle wieder zurück in die Klassenräume, und Mr Halitosis startete – mit einem deutlichen Zittern in der Stimme – einen zweiten Versuch. „Also, zurück zu unserem Thema. Lucas hat uns an einem besonders lebendigen Beispiel gezeigt, was es bedeutet, wenn verschiedene Umstände zufällig zusammentreffen. Hat noch jemand einen Vorschlag? Mandy?“

„Also, zum Beispiel, wenn ich gerade daran denken würde, wie lustig es wäre, wenn eine riesige Spinne von der Decke direkt auf Ihren Kopf fallen würde, und in dem Moment …“

„Vielen Dank, das reicht“, schnitt Mr Halitosis ihr hastig das Wort ab und schielte aus den Augenwinkeln unruhig zur Decke. „Sophie, kannst du uns bitte eine Definition von Zufall geben? Aber ohne Beispiele, wenn’s geht.“

Was ist ein Zufall? Vielleicht wenn ein Mädchen Anastasia heißt und jemand anderes in der Stadt sich bei einem Internet-Chat Zarina nennt. Oder wenn das gleiche grün-weiße C in einem Kreis an unterschiedlichen Stellen auftaucht, die nichts miteinander zu tun haben. Auf einem Entenkatalog. Auf einem Programmheft. Auf einem T-Shirt.

„Ein Zufall ist, wenn unabhängig voneinander zwei oder mehr Dinge zur selben Zeit passieren und wenn es so aussieht, als hätten sie etwas miteinander zu tun.“

„Das ist eine ziemlich treffende Definition, würde ich sagen. Und wann ist es kein Zufall mehr?“

Ich zuckte die Schultern. „Keine Ahnung.“

„Würdest du es noch Zufall nennen, wenn du beweisen kannst, dass diese Dinge nicht unabhängig voneinander passiert sind, sondern dass die Ereignisse tatsächlich etwas miteinander zu tun haben?"

Aber wie kann ich das beweisen?, schrieb ich auf einen Zettel, den ich Toby und Emma zuschob.

Du ermittelst, schrieb Emma zurück.

☆☆☆

Sofort nach Schulschluss sauste ich als rasende Rollschuh-Detektivin, flankiert von Toby auf dem Fahrrad und Emma auf ihrem Roller, Richtung Stadtzentrum. Zielort: Trinity College.

„Folgender Plan“, rief ich Emma über den Fahrtwind hinweg zu. „Wir versuchen, Stacy Vance zu finden, und behaupten, wir wären ihre größten Fans und hätten gern ein Autogramm von ihr in unserem Programmheft. Sobald wir drin sind, müssen wir herausfinden, ob sie wirklich Zarina ist. Dafür spielen wir am besten netter Bulle, böser Bulle!“

„Was soll das heißen, netter Bulle, böser Bulle?“, fragte Toby und wich in letzter Sekunde einem Taxi aus.

„Das ist eine besondere Ermittlertaktik. Emma spielt die Nette, Verständnisvolle und ich die Unfreundliche, Brutale, und so holen wir die Wahrheit aus Stacy heraus.“

„Und was mach ich?“, maulte er. „Ihr Mädchen sucht euch immer das Lustigste aus.“

„Na gut, dann spielst du eben den lustigen Bullen.“

„Aber den gibt’s doch gar nicht.“

„Doch, jetzt schon.“

Wir standen vor dem riesigen Gittertor am Eingang zum Trinity College. Ein Pförtner mit traditionellem schwarzen Hut auf dem Kopf sorgte dafür, dass die Touristengruppe, die das College besichtigen wollte, auch genügend Geld dafür bezahlte. Wir gingen hinter dem Besucher, der von allen das breiteste Hinterteil hatte, in Deckung und schoben uns mit der Gruppe am Pförtner vorbei. Neben dem Treppenaufgang zu den Studentenzimmern nahmen wir uns die Namensschilder vor.

Glücklicherweise mussten wir nicht lange suchen. Schon auf der dritten Tafel lasen wir:

R1 Miss A. C. Brookland

R2 Mr E. E. P. Franklin

R3 Mr P. Mahal

R4 Miss A. Vance

Mit Riesenschritten stürmten wir die Stufen der engen Wendeltreppe hinauf, die zu den oberen Stockwerken führte, und standen im nächsten Augenblick vor R4, direkt gegenüber der Tür zu R2. An welcher interessanterweise eine Postkarte mit dem grün-weißen Logo klebte.

„Was bedeutet dieses C?“, überlegte ich halb laut. Emma zuckte ratlos mit den Schultern.

„Keine Ahnung, ist das wichtig?“, fragte Toby.

Ich versuchte vorsichtig, die Postkarte von der Tür abzulösen. „Ich bin mir nicht sicher, aber in letzter Zeit taucht es überall …“ – Plötzlich wurde die Tür aufgerissen und vor uns stand jemand, den ich eigentlich lieber nicht getroffen hätte.

„Wer seid ihr?“, fragte Edwin.

„Mein Name ist Spyce – Sunny Spyce.“

„Ach, jetzt erinnere ich mich“, knurrte Edwin. „Du bist die komische Nervensäge von der Probe neulich. Was willst du hier?“

„Äh, nichts, nur jemanden besuchen.“ Unauffällig spähte ich über Edwins Schulter in sein Zimmer. Der Raum war ein einziges Chaos, überall Berge von Schwanenflügeln und mittendrin ein Schreibtisch mit zwei Computern. „Wir möchten ein Autogramm von Stacy.“

„Kinder haben hier keinen Zutritt.“

„Unsere Kinder haben wir auch nicht mitgebracht“, erwiderte ich. „Aber da du schon mal hier bist, kann ich dich etwas fragen?“

Er musterte mich misstrauisch. „Was denn?“

„Was bedeutet dieses C an deiner Tür? Das in dem Kreis?“

Ohne einen Blick darauf zu werfen, lachte er nur und knallte mir die Tür vor der Nase zu.

„Wie unfreundlich!“, schimpfte Emma. „Aus dem wird nie ein echter Gentleman.“

Als Rache wollte ich gerade die C-Postkarte abreißen, als die Tür hinter uns aufging.

„Was ist hier los?“, fragte Stacy Vance.

So eine Stimme hatte ich noch nie gehört, es klang beinahe, als würde sie singen. Stacy war klein und zart und trug eine Art halb transparenten Kimono mit weiten, flatternden Ärmeln. Wenn sie aus dem Fenster gesprungen wäre, wäre sie wahrscheinlich davongeschwebt.

„Hochverehrte Tänzerin“, begrüßte ich sie, „sehr erfreut, dich kennenzulernen. Mein Name ist Sunny Spyce und ich bin dein größter Fan.“

„Das ist nicht wahr“, widersprach Emma. „*Ich* bin dein größter Fan. Ich bin sogar dem Orchester beigetreten, nur um dich jeden Abend zu bewundern.“

„Nein!“, krähte Toby dazwischen. „*Ich* bin dein größter … äh …“, dann verstummte er, weil ihm nichts einfiel.

Stacy musterte uns mit einem seltsamen Blick und spähte an uns vorbei ins Treppenhaus. Vielleicht vermutete sie, dass irgendwo hinter uns unsichtbare Eltern lauerten.

„Dürfen wir reinkommen?“, fragte ich.

Sie nickte. „Warum nicht. Tee?“

„Ja, gerne.“

Im Gegensatz zu Edwins Zimmer sah Stacys unglaublich aufgeräumt aus und war fast ganz in Weiß eingerichtet. Wir setzten uns auf die helle Bettdecke und warteten höflich, bis Stacy Wasser heiß gemacht hatte.

„Also, was führt euch zu mir?“, fragte sie, während sie ein paar Becher füllte.

Emma zog ihr Programmheft aus der Tasche und Stacy signierte es bereitwillig. „Denkt dran: netter Bulle, böser Bulle, lustiger Bulle“, raunte ich Emma und Toby zu.

Emma fing an: „Ach, Stacy, ich bewundere dich wirklich sehr. Und du hast so einen hübschen Namen. Anastasia … das klingt wie eine russische Prinzessin!“

„Wenn ich mich nicht täusche“, hakte ich erbarmungslos ein, „gab es tatsächlich eine *Zarina.* Eine Zarina, die illegale Aktivitäten beobachtet hat und niemandem davon erzählen will. Versuch am besten gar nicht erst, es abzustreiten!“

SCHEPPER!

„Oh Mann, irgendwie mag ich dieses ‚Netter-Bulle-böser-Bulle-lustiger-Bulle‘-Spiel nicht, Sunny“, beschwerte sich Toby. „Sie hat ihre Tasse kaputtgeschmissen! Jetzt kann ich einfach nicht mehr witzig sein.“

Stacy zitterte am ganzen Körper. Ich fürchtete schon, sie würde in lauter Einzelteile zerspringen. „Was ist das für ein Spiel, das ihr da spielt?“, fragte sie. „Woher, zum Teufel, wisst ihr von Zarina?“

„Wir haben zufällig ein Gespräch mitbekommen.“

„Von wem?“

„Das ist unwichtig. Sie wissen nichts. Wir haben alles selbst herausgefunden.“

„Ich weiß zwar nicht, was ihr gehört habt“, sagte sie, „aber es stimmt nicht. Ich habe mich geirrt. Zarina hat sich geirrt. Es gab keine illegalen Aktivitäten.“

„Wo gab es keine illegalen Aktivitäten?“

„An unserem Institut. Es gab kein Problem mit der Software.“

„Welche Software?“

„Moment mal, was wisst ihr eigentlich?“

Ich dachte kurz nach und entschied mich, alles auf eine Karte zu setzen.

„Wir wissen, dass du irgendwelchen illegalen Machenschaften am Informatik-Institut auf die Spur gekommen bist. Etwas, das Auswirkungen auf die ganze Universität hat. Normalerweise hättest du sofort euren Professor, Archie Philips, informieren müssen. Aber das ging nicht, weil du wusstest, dass er in der ganzen Sache mit drinsteckt. Also hast du Jenna Jenkins davon erzählt, die daraufhin ihre eigenen Nachforschungen angestellt hat und kurz darauf plötzlich verschwunden war. Dann hast du dich an Pastor Tan gewandt, aber bevor du ihn einweihen konntest, ist seltsamerweise die Internetverbindung zusammengebrochen. Und danach“, schloss ich, „hast du niemandem mehr davon erzählt. Wahrscheinlich hattest du Angst, auch plötzlich zu verschwinden, genau wie Jenna.“

Stacy starrte mit ihren großen blauen Augen an mir vorbei zur Tür. „Ich habe keine Ahnung, wovon du sprichst“, sagte sie langsam und eine Spur zu laut. „Ich habe mich geirrt. Ich dachte, ich hätte etwas entdeckt, aber es hat sich herausgestellt, dass da nichts war.

Kann sein, dass ich es Jenna gegenüber mal erwähnt habe, aber … aber es gab keinen Grund, irgendwelche … Nachforschungen anzustellen.“

„Warum starrst du die ganze Zeit zur Tür?“, erkundigte sich Emma. Im selben Moment ging die Tür auf und Edwin stürmte herein. Er hatte mindestens so viele Falten auf seiner wütend gerunzelten Stirn wie sein hässlicher, zerknitterter Pullover. Er blitzte uns an, als wollte er uns ans andere Ende des Sonnensystems schießen. Glücklicherweise gelang ihm das nicht, sonst würde ich jetzt auf der eisigen Seite des Pluto sitzen. Ich fragte mich, ob er nur in Stacys Zimmer hereingeplatzt war, um uns wütend anzustarren. Denn außer „Alles in Ordnung, Stace?“, wollte er sie anscheinend nichts weiter fragen.

„Alles bestens“, versicherte sie.

„Kennst du diese Kids?“

„Wir lernen uns gerade kennen.“

Er hockte sich neben uns auf den Fußboden. „Gut. Du solltest nachher mal rüberkommen und die neuen Flügel ausprobieren, Stacy. Eine tolle Qualität. Ich kann immer noch nicht fassen, was für hochwertiges Material wir da bekommen haben. Die Flügel sind wirklich unheimlich stabil, sie haben sogar eine Art

Knochenskelett wie echte Flügel! Ich könnte mir vorstellen, dass sie das Gewicht von Kindern wie euch tragen würden." Er grinste schief.

„Ja, wirklich gute *Produkte*. Nur schade, dass sie manchmal etwas *aufdringlich* werden können", erwiderte Stacy kühl.

„So was Hochwertiges kann man sich eben nur mit dem richtigen Budget leisten", sagte Edwin.

„Wie dem auch sei", unterbrach Stacy ihn. „Ich muss wieder an die Arbeit. War nett, euch kennenzulernen, Kinder. Tut mir leid, aber manche Dinge sind eben nicht *kompatibel*, wenn ihr versteht, was ich meine."

Ich war offensichtlich nicht die Einzige, die sich fragte, warum Stacy auf einmal kursiv redete. Auch Edwin wirkte plötzlich seltsam verunsichert und hatte es eilig, uns loszuwerden. „Zeit, nach Hause zu gehen, Kinder", sagte er und schob uns aus dem Zimmer. „Werdet ihr euch die Vorstellung ansehen?"

„Ich bin sowieso dabei. Ich spiele im Orchester", erinnerte Emma ihn.

„Ach ja", sagte Edwin und verzog etwas gequält das Gesicht.

Produkte. Aufdringlich. Kompatibel.

Ich hatte keine Ahnung, was hier ablief, aber ich

wusste, dass ich unbedingt mit Jeremy Hopkins reden musste.

Als wir wieder auf der Straße standen, klingelte Emmas Handy. Es war ihre Mum, die gerade vor dem Einkaufszentrum im absoluten Halteverbot stand. Emma sollte sich beeilen, sonst …!

„Also dann bis morgen, ich muss los“, verabschiedete Emma sich mit Leidensmiene. „Haltet mich auf dem Laufenden.“

„Bleiben nur noch wir beide, Toby“, sagte ich. „Komm, lass uns endlich dieses Geheimnis aufdecken! Toby?“

Aber Toby raufte sich die Haare und starrte auf das Metallgeländer neben ihm, obwohl es dort eigentlich gar nichts zu sehen gab. Erst beim zweiten Blick begriff ich, dass genau das sein Problem war: An dem Geländer baumelte nur noch ein sauber aufgesägtes Fahrradschloss.

„Ich glaub's einfach nicht! Die haben mir schon wieder mein Rad geklaut!“

„Ist das nicht schon das dritte in diesem Jahr?“

„Das vierte! Ich muss sofort nach Hause, Sunny. Nach fünf darf ich nicht mehr zu Fuß unterwegs sein.“

„Aber mit dem Rad fahren darfst du?“

„Ja, weil ich dann so schnell bin, dass ich nicht gekidnappt werden kann."

Eltern haben wirklich seltsame Regeln.

„Okay", sagte ich. „Dann muss ich wohl tapfer sein und allein weiterermitteln. Das mit deinem Rad tut mir leid, Toby."

„Ich hatte es Victor getauft", schniefte er.

„Das hättest du lieber lassen sollen. Es ist leider eine Tatsache, dass man sich in Cambridge nicht zu sehr an sein Fahrrad gewöhnen sollte. Dafür werden sie viel zu oft geklaut."

Ich winkte dem armen Toby zum Abschied und fuhr auf meinen Rollerskates davon.

* * *

„Klopf, klopf!"

Fiona lag gerade auf ihrem Bett und las in einem dicken Buch.

„Hi, Sunny. Wie ist deine Expedition gestern Abend gelaufen?"

„Abenteuerlich. Und jetzt muss ich unbedingt Jeremy Hopkins finden. Dafür brauche ich das große Netz des unendlichen Wissens."

„Ein Lexikon?"

„Nein, Facebook natürlich. Könntest du ihn bitte für mich suchen?“

„Klar.“ Sie schaltete ihren Computer ein und wartete, während er hochfuhr. „Aber was gibt es denn noch zu ermitteln? Jenna ist doch wieder aufgetaucht.“

„Auf geheimnisvolle Weise wieder aufgetaucht“, korrigierte ich höflich.

„Daran ist doch nichts Geheimnisvolles. Mach nicht so ein Gesicht, Sunny – irgendwann wirst du bestimmt noch über einen richtigen Kriminalfall stolpern, mit Mördern und allem, was dazugehört.“

„Wer sagt denn, dass in diesem Fall nicht noch ein Mord passieren wird? Jenna Jenkins schwebt vielleicht in Lebensgefahr!“

Fiona lachte. „Das glaube ich kaum. Sie ist in Grantchester, nur ein Stück flussaufwärts. Dort wird bestimmt niemand ermordet.“

Das war mir neu, ich hatte gedacht, die abtrünnige Ballerina stammte aus London. „In Grantchester? Was macht sie denn da?“

„Ihre Großmutter lebt dort, in einem kleinen rosaroten Häuschen direkt am Fluss. Jenna ist für eine Weile zu ihr gezogen. Ich denke, sie muss sich von ihrem Zusammenbruch erholen und braucht etwas

Ruhe.“ Fiona klickte auf den Internet-Button. „Anscheinend war sie doch nicht so hart im Nehmen, wie es nach außen aussah.“

„Aber Jeremy Hopkins meinte, Jenna wäre überhaupt nicht empfindlich. Sie wäre kein Mensch, der … He, Moment mal! Was ist das da auf dem Bildschirm? Was ist das für ein Zeichen?“

„Was meinst du? Das ist doch nur die neue Internet-Startseite von unserem College.“

„Nein, ich meine dieses Logo! Das grün-weiße C in dem Kreis! Was hat das zu bedeuten?“

Fiona sah mich stirnrunzelnd an. „Hast du das etwa noch nie gesehen?“

„Machst du Witze? In letzter Zeit habe ich es viel zu oft gesehen! Was ist das?“

„Lieber Himmel, Sunny, deine Eltern versuchen, dich aber auch wirklich von allem abzuschirmen, oder? Das ist doch das Logo von CoLink.“

VIII

Zehn Minuten später stand ich im Innenhof vom Gonville & Caius College. Unter den Bäumen malte das Sonnenlicht helle Muster auf den Boden, und ich ließ mich eine Weile von den Rasensprengern ablenken, die überall aufgestellt waren. Wie schafft man es, an einem Rasensprenger vorbeizugehen? Ich verstehe nicht, wie Erwachsene sich so zusammenreißen können. Für mich gibt es nichts Schöneres als eine Dusche unter dem Rasensprenger. Vielleicht bin ich in Wahrheit eine Pflanze? Wenn ich den Blick des Pförtners richtig deutete, hielt er mich jedenfalls für eine Art Unkraut.

„Klopf, klopf!“ Ich glaube, ich habe noch nie an einem Tag an so viele Studentenzimmertüren geklopft.

„Wer ist da?“

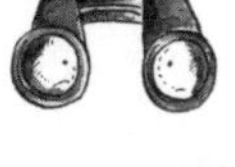

„Sunny Spyce, melde mich zum Dienst."

Die Tür wurde einen winzigen Spalt geöffnet und ein Auge, das eindeutig zu Jeremy Hopkins gehörte, linste durch den Schlitz. Das Auge beäugte mich von oben bis unten, dann wurde die Tür ganz geöffnet, sodass auch das zweite Auge mich betrachten konnte.

„Sunny, was für eine schöne Überraschung! Ich hoffe, dein Vater weiß, dass du hier bist."

„Natürlich, mein Dad weiß immer, wo ich bin", sagte ich, was nicht einmal gelogen war, schließlich hat Dad so etwas wie eine Standleitung zum Allwissenden. „Kann ich reinkommen?"

Das Komische an Jeremys Zimmer war, dass man nie wirklich Kontakt zum Fußboden hatte. Nicht, weil in dem Raum Schwerelosigkeit geherrscht hätte, sondern, weil jeder Zentimeter mit Kleidungsstücken, Büchern, Zeitungen und seltsamen Gegenständen belegt war. Ich verschloss höflich die Augen vor dem Riesen-

berg schmutziger Wäsche, über dem träge eine Fliege kreiste.

„Wie steht's mit deinen Ermittlungen, junge Detektivin? Hast du irgendwelche abgerissenen Knöpfe oder verdächtiges Bonbonpapier gefunden?"

„Lass uns alles von Anfang an durchgehen. Das ist meistens das Beste. Sicher weißt du, dass Jenna wieder aufgetaucht ist?"

„Ja, aber sie reagiert nicht auf meine Anrufe."

„Glaubst du an die Geschichte mit dem Nervenzusammenbruch?"

„Nein."

„Ich auch nicht. Ich glaube, Jenna ist gekidnappt und dann wieder freigelassen worden. Und das hat alles mit CoLink zu tun."

„Was?" Jeremy lachte, als hätte ich behauptet, der amerikanische Präsident wäre in die Sache verwickelt.

„Da gibt es gar nichts zu lachen! Die Leute von CoLink haben mehrere Hunderttausend Pfund an verschiedene Colleges verteilt. Übrigens war es Professor Ian Philips, der den Kontakt hergestellt hat. Ach ja, und da wir gerade beim Thema sind, es wird dich sicher interessieren, dass es ebendieser Professor Ian Philips war, der Jenna Jenkins gekidnappt hat."

Ich erzählte ihm alles, was ich herausgefunden hatte, und beobachtete amüsiert, wie ihm langsam der Unterkiefer herunterklappte und seine Augen kugelrund wurden wie bei einer Comicfigur. Und als ich merkte, dass ich mein Publikum vollkommen in der Hand hatte, beendete ich meinen Vortrag mit einem wahren Feuerwerk: „Und was diesen Edwin angeht – ich weiß zwar noch nicht, warum, aber bei dem meldet mein Meisterdetektivinnen-Radar Alarmstufe Rot! Warum benimmt Stacy sich wie das Kaninchen vor der Schlange, sobald er auftaucht? Weiß er, dass sie es weiß? Und selbst wenn er es wüsste, was interessiert ihn das?“

„Wenn CoLink tatsächlich so tief in dieser Sache drinsteckt, wüsste ich eine Erklärung“, sagte Jeremy.

„Ach wirklich?“

„Edwin Franklin ist der Sohn von Rudolph Franklin, dem Geschäftsführer von CoLink. Deshalb taucht ihr Logo, dieses C, überall im Programmheft von Schwanensee auf. CoLink ist der Hauptsponsor der ganzen Veranstaltung.“

„Mr Franklin! Na klar, Mum hat ihn mir im Teestübchen vorgestellt! Deshalb kam mir Edwins Gesicht auch so bekannt vor. Und deshalb klebt eine

Werbepostkarte von CoLink an seiner Tür. Von denen hat er also das Geld, um so eine Riesenshow auf die Beine zu stellen.“

„Und da ist noch etwas: Im Programmheft steht, dass Edwin Franklin ein Altphilologe ist.“

„Aber er ist bestimmt noch nicht so alt, wie er aussieht … Solche Klamotten würde höchstens mein Urgroßvater anziehen, aber auch nur, wenn er farbenblind wäre.“

„Mit seinem Alter hat das nichts zu tun, du verrücktes Huhn – ein Altphilologe ist jemand, der Griechisch und Latein studiert.“

„Griechisch und Latein? Genau wie …“

„Richtig, genau wie dein lieber Professor Ian Philips.“

„Wow! Was für ein Zufall! Edwin und Mr Franklin, Ian Philips und Archie Philips. Sieht so aus, als müssten diese vier sich ziemlich gut kennen.“

„Ich werd verrückt!“, stöhnte Jeremy und verschränkte die Hände hinter dem Kopf. „Sunny, du bist ein Genie! Nicht zu fassen, dass du das alles allein herausgefunden hast.“

„Ohne mein Superhirn hätte ich das nie geschafft.“

„Es gibt nur noch ein Problem.“

„Und das wäre?“

„Wir wissen immer noch nicht, was die beiden Philipse und CoLink Illegales treiben. Wie sollen wir das herausfinden, wenn Stacy und Jenna nicht reden wollen?“

„Ich schlage vor, wir drehen eine Runde um den Block. Das hilft immer, wenn man Ordnung in seine Gedanken bringen muss. Hunde machen das auch nicht anders.“

In Wahrheit hatte ich es vor allem auf den Rasensprenger abgesehen, der draußen auf uns wartete. Doch als wir aus dem Gebäude traten, warteten stattdessen drei unangenehme Überraschungen auf uns. Erstens sprengte der Sprenger nicht mehr, sondern lag wie ein eiserner Spinnenkadaver auf dem Rücken. Zweitens stand direkt daneben mein Dad und sah ziemlich nass aus. Drittens war Dad nicht nur tropfnass, sondern auch stinksauer. Anklagend schrie er quer über den Rasen, als hätte er die Schuldigen identifiziert.

„Sophie Margaret Catriona Spyce!“

Ich verdrehte die Augen und wäre am liebsten im Boden versunken.

„Jeremy Hopkins!“

Jeremy rutschte alle Farbe aus dem Gesicht, sodass nur ein undefinierbares Grau übrig blieb.

„Dieser Rasensprenger!“

Ein Gärtner, der gerade ein paar Blätter beiseite harkte, hüstelte verlegen und tat, als wäre er unsichtbar.

„Hallo, Pastor Spyce!“, begrüßte ich meinen Vater betont herzlich. Mein feines Gespür hatte mir sofort signalisiert, dass die Atmosphäre etwas angespannt war.

Mit tropfendem Talar überquerte Dad den Rasen und baute sich vor uns auf, sichtlich unentschlossen, welches der Ärgernisse er sich als Erstes vornehmen sollte. Schließlich entschied er sich für folgende Reihenfolge:

1. Rasensprenger
2. Jeremy Hopkins
3. Tochter.

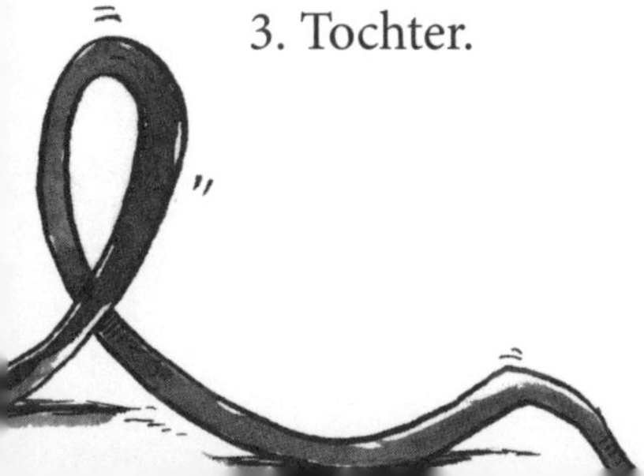

„Dieser Rasensprenger!“, wetterte er. „Er sah aus, als wäre er abgeschaltet! Das Ding hat keinen Tropfen Wasser von sich gegeben, bis zu dem Moment, als ich zufällig daran vorbeiging!“

„Ich denke, aus dieser Erfahrung können wir alle etwas lernen, Daddy, nämlich, dass …“

„Jeremy Hopkins! Was haben Sie hier zu suchen?“

„Das ist mein College“, erklärte der Beschuldigte.

„Was tun Sie schon wieder mit meiner Tochter?“

„Na ja, erst waren wir in meinem Zimmer und jetzt wollten wir gerade einen Spaziergang machen, um einen klaren Kopf zu bekommen.“

„Meine Tochter war in Ihrem Zimmer?“, donnerte Dad.

Ich legte ihm eine Hand auf seine nasse Schulter, um ihn zu beschwichtigen. „Keine Angst, besorgter Daddy, Jeremy und ich sind Freunde.“

„Regen Sie sich doch bitte nicht so auf, Herr Pastor“, sagte Jeremy Hopkins. „Ich bin neunzehn Jahre alt und Sunny ist noch ein Kind. In ihren Augen bin ich wahrscheinlich ein alter Knacker.“

„Abgesehen davon sind mir seine Klamotten viel zu schmuddelig!“, platzte ich etwas lauter heraus als beabsichtigt (und veranlasste sechs Touristen, zwei

Pförtner und den Gärtner, sich neugierig nach uns umzudrehen). Jeremy schien das Ganze etwas unangenehm zu sein. Einen Vorteil hatte das Theater allerdings: Dad war schon fast wieder trocken geworden. Die Hitze seines Zorns ließ das Wasser auf seinem Talar in null Komma nichts verdampfen.

„Sophie, deine Mutter und ich hatten keine Ahnung, wo du warst. Wir mussten uns die Aufzeichnungen der Überwachungskameras im College ansehen, um herauszufinden, dass du bei Fiona Lumley warst. Und Fiona konnte uns sagen, dass du danach ins Goneville & Caius College wolltest. Hast du eine Ahnung, was für Sorgen wir uns gemacht haben?"

„Nein, Dad."

„Du bist ein absolut unmögliches, unkontrollierbares, unverbesserliches kleines … kleines … kleines …"

„Mädchen?", schlug der Gärtner vor.

„Nein", sagte Dad, „ein kleines …"

„Schätzchen?", meldete sich ein Tourist zu Wort.

„Nein", sagte Dad, „eher ein kleiner …"

„Engel?", kam es von einem Studenten.

„Oh nein, ganz sicher nicht!", wehrte Dad ab. „Eher ein kleiner … Satansbraten! Ein … ein … kleiner Teufel! Ein kleiner … Haustyrann!"

„So schlimm sieht sie aber gar nicht aus“, meinte eine Frau und tätschelte meinen Kopf.

„Das bin ich auch nicht“, sagte ich weinerlich. „Und wenn, dann liegt das alles nur an einem großen Problem in meinem Leben.“

„Was für ein Problem hast du denn, mein Schätzchen?“, fragten die Frau und alle, die sich um uns versammelt hatten, im Chor.

„Ich habe kein Handy“, schniefte ich. „Wenn ich ein Handy hätte, so wie Toby und Emma und Lucas und Eugenie, dann könnte ich meine Eltern anrufen und ihnen sagen, wo ich hingehe. Aber sie wollen mir keins kaufen!“

„Oh!“, machten wieder alle im Chor.

„Um Himmels willen!“, rief Dad. „Was ist das hier, eine Art öffentliche Gerichtsverhandlung? Sophie, wir gehen.“

„Bye, Jeremy!“

„Bye, Sunny!“

„Bye, alle zusammen!“

„Bye, Sunny!“

Und so wurde ich aus dem Gonville & Caius College gezerrt.

☆☆☆

Zu Hause bekam ich einen Klaps auf den Po – obwohl die Europäische Union die Prügelstrafe verboten hat – und wurde auf mein Zimmer geschickt, außerdem brummten sie mir noch fünfzig Seiten Bibellektüre auf, aber leider nicht die spannenden Stellen, wo es um Mord und Totschlag geht.

Netterweise leistete Kater Mortimer mir Gesellschaft und das mit dem Lesen erledigte sich von selbst, weil das dicke Katzentier sich mitten auf das Buch der Bücher plumpsen ließ und unbedingt gestreichelt werden wollte.

Um halb zehn ging die Tür auf und Mum kam mit einem Teller Butterbrote herein, gefolgt von Dad mit einem Becher Tee.

„Abendbrot", knurrte Mum.

„Wie liebenswürdig", antwortete ich höflich.

Die beiden setzten sich zu mir aufs Bett. „Weißt du, für uns ist es auch kein Vergnügen, dich zu bestrafen", sagte Dad.

„Meinetwegen müsst ihr das nicht tun", erklärte ich großzügig.

„Hör zu, Sophie, Mum und ich haben noch einmal sehr lange und intensiv über die Sache mit dem Handy nachgedacht …"

„Ach, Daddy, wollen wir nicht über was anderes reden?“

„… und wir sind zu dem Schluss gekommen, dass es für uns vielleicht doch eine große Beruhigung sein könnte, wenn wir wüssten, dass du ein Handy bei dir hast.“

„Das blöde Handy ist mir egal. Ich möchte nur, dass ihr nicht mehr böse auf mich seid.“

„Wir sind nicht mehr böse auf dich, Sophie. Aber was dieses Handy betrifft …“

„Nein, allerliebste Eltern, lasst uns nicht mehr davon reden. Ich war wirklich sehr unartig.“

„Das stimmt“, bekräftigte Mum, „trotzdem haben wir nach reiflicher Überlegung entschieden, dass es besser wäre, du hättest eins …“

„Das finde ich nicht, Mum. Für ein Kind in meinem Alter ist es sehr schädlich, ein Handy zu haben.“

„Jetzt hör doch endlich einmal zu! Wir fragen dich nicht, ob du ein Handy haben möchtest – wir sagen dir, dass du eins bekommst!“, unterbrach mich Dad ungeduldig. „Ob du willst oder nicht!“

„Oh, na dann, meinetwegen.“

„Zufällig hatte ich gestern sowieso schon über dieses Thema nachgedacht und mir im Internet ein paar

Modelle angesehen“, sagte Mum. „Morgen gehen wir zusammen los und kaufen dir eins.“

„Du bekommst natürlich das einfachste Modell“, erklärte Dad, „ohne Internetzugang und Kamera.“

„Gibt es so etwas überhaupt noch?“

Mum und Dad sahen sich fragend an. „Ganz bestimmt gibt es so etwas noch“, sagte Mum und klang dabei alles andere als überzeugt. „Wie dem auch sei, morgen gehen wir zusammen einkaufen. Sag ‚ja, Mummy‘.“

„Ja, Mummy.“

„Also dann, schlaf schön.“

„Das Problem mit Sophie ist, dass sie ein widerspenstiger kleiner Starrkopf ist“, hörte ich Dad noch sagen, als sie leise die Tür hinter sich zuzogen.

☆☆☆

Sobald ihre Schritte auf der Treppe verklungen waren, hüpfte ich aus dem Bett, stieg aus dem Fenster und kletterte über den Baum hinunter auf die kleine Terrasse. Im nächsten Augenblick flitzte ich schon auf meinen Rollerskates durch die Stadt. Die grinsenden Fratzen der Wasserspeier, verrostete Fahrräder und Geländer im gelblichen Lichtkegel der Straßenlaternen verschmolzen im Vorbeifahren zu einem verwaschenen bräunlichen Schleier.

Es gab einen Menschen auf der Welt, den ich unbedingt treffen musste. Eigentlich waren es zwei Menschen. An erster Stelle stand immer noch J. K. Rowling. Aber gleich danach kam Jenna Jenkins. Ihre Adresse wusste ich auswendig:

Jenna Jenkins
Kleines rosarotes Häuschen direkt am Fluss
Grantchester

Nur sie würde den verschlungenen Knoten aus großen C, Schwanenflügeln und Geld lösen und die mysteriöse Geschichte um ihre Dann-doch-nicht-Entführung aufklären können. Wenn ich Jenna zum Reden bringen könnte, würde ich die ganzen Zusammenhänge hoffentlich endlich verstehen.

Es gibt vier Möglichkeiten, nach Grantchester zu kommen. Erstens, per Auto. Dazu fehlte mir allerdings der passende Führerschein. Zweitens, auf Rollerskates. Aber das wäre ohne meine Gelenkschützer viel zu gefährlich. Drittens hätte man à la Superman fliegen können. Aber wie schon erwähnt, hatte ich als grandios geniale Geheimnis-Aufdeckerin beschlossen, mich lieber auf mein Gehirn statt auf irgendwelche Superkräfte zu verlassen.

Als vierte Möglichkeit blieb der Weg übers Wasser. Aber wenn ich nicht gerade durch den Cam schwimmen und mir von den hässlichen Bartfischen die Zehen anknabbern lassen wollte, brauchte ich ein Boot. Und ich wusste auch schon, wo ich eins finden würde.

☆☆☆

Kurz darauf hätte man mitten in der Nacht in Cambridge ein seltsames Gürteltier sichten können, das anstelle eines Panzers ein buntes Kanu auf dem Rücken trug und Richtung Fluss spazierte.

„Wir lieben die Stürme, die brausenden Wogen“, summte ich und ließ das Kanu ins Wasser gleiten. Ich kletterte in das schwankende Fahrzeug, legte eine Schwimmweste an und griff nach dem Paddel.

Die griechische Statue hatte recht gehabt. Diese Kanus waren wahrscheinlich die am einfachsten zu steuernden Boote der Seefahrtsgeschichte. Man musste das Paddel nur einmal rechts kräftig ins Wasser tauchen – so, dann einmal links – so. Und schon glitt das Kanu wie ein Wildlachs stromaufwärts.

„Grantchester, ich komme! Ich werde als erster Mensch den Fuß auf deine unbekannten Gefilde setzen und ihnen den Namen Sunnyland geben!“

Der Nachthimmel spannte sich über mir und meinem Kanu wie eine schwarze, mit tausend kleinen Sternen gesprenkelte Käseglocke. An den Flussufern wucherte undurchdringliches Gestrüpp. Das hochgewachsene Schilf knarrte und ächzte schläfrig, wenn es von den kleinen glitzernden Wellen durcheinandergeschüttelt wurde. Hin und wieder unterbrach ein lautes Platschen die stille nachtschwarze Wasseroberfläche, und als ich mich den unerforschten Ufern von Grantchester näherte, schwebte eine riesige weiße Eule wie ein Geist über den Fluss und schnappte nach einem unvorsichtigen Fisch, den außer ihr niemand bemerkt hatte. Das war Wildnis „pur“.

Doch allmählich hatte mich die Zivilisation wieder, die ersten Häuser von Grantchester kamen in Sicht, und die Nacht wurde ein wenig heller. Die kleinen, geduckten Häuschen lagen meist etwas vom Fluss zurückgezogen in einem hübschen Garten. Von einigen sah man nur die erleuchteten Fenster, aus denen ein gelblicher Lichtschein oder das bläuliche Flimmern eines Fernsehers fiel. Der Rest lag im Dunkeln.

Das Problem an der Nacht ist, dass die ganze Welt grau aussieht. Gelb wird Grau, Rot wird Grau, Blau wird Grau. Grau wird sehr Grau. Sogar Weiß wird Grau und leider auch Rosarot. Bei dem fahlen Licht hätte man ein rosarotes Häuschen nicht von einem neongelben unterscheiden können.

„Wieder mal ein ziemlich schlecht vorbereiteter Einsatz“, schimpfte ich mit mir selbst und hörte auf zu paddeln, um mich am Kinn zu kratzen. „So etwas sollte einer grandios genialen Meisterdetektivin eigentlich nicht passieren.“

„Quak.“

„Na, vielen Dank auch, aber dass alles Quark ist, was ich mache, kann man ja wirklich nicht sagen!“

„Quak.“

„Hey, willst du mich beleidigen?“

„Quak!“

Das musste ich mir von diesem nervigen Nörgler hinter mir nicht gefallen lassen! Ich drehte mich um. Und sah mich Nase an Schnabel der schwangeren Ente gegenüber.

☆☆☆

Das ist so ein Moment, wo die meisten Leute sagen werden, dass ich lüge oder mich irre, dass es ganz sicher nicht dieselbe schwangere Ente war, die ich vor unserem gefräßigen Kater gerettet und mit Erdbeerbonbons gefüttert hatte. Natürlich kann ich keinen wissenschaftlichen Beweis liefern, dass es sich bei dieser hier tatsächlich um meine schwangere Ente handelte. Ich habe weder einen DNA-Test durchgeführt noch ihre Federabdrücke genommen. Andererseits fällt mir aber absolut kein Grund ein, warum eine andere Ente als die, die ich vor Kater Mortimers Krallen gerettet hatte, mir hätte helfen sollen. Falls euch doch ein überzeugender Grund einfallen sollte, lasst es mich wissen. Meine Adresse lautet:

Sunny Spyce
Master Lodge
Christ's College
Cambridge CB2 3BU
UK.

Meine schwangere Ente quakte mich also an und ich war so froh, sie zu sehen, dass ich spontan zurückquakte, was sie ein wenig überraschte. Dann paddelte sie fröhlich an meinem Kanu vorbei. Ihr kleiner Schwanz wackelte von rechts nach links wie Mums

Zeigefinger, wenn sie sagt „Tu das nicht, Sophie“. Mein Kanu folgte ihr durch die schwarzen Fluten. Nach ein paar Minuten kletterte sie bei einem verwunschenen kleinen Garten auf einen Anlegesteg.

Ich zog mich mit den Armen an Land und robbte auf das grasbewachsene Ufer, während meine untere Körperhälfte noch im Kanu steckte. Wie ein Einsiedlerkrebs, der in ein größeres Schneckenhaus umziehen will, schälte ich mich aus dem Boot und versteckte es zusammen mit dem Paddel hinter einem großen Schilfbüschel. Auf Socken schlich ich auf das Häuschen im hinteren Teil des Gartens zu. Bis auf ein kleines Fenster im oberen Stockwerk, aus dem ein milchig

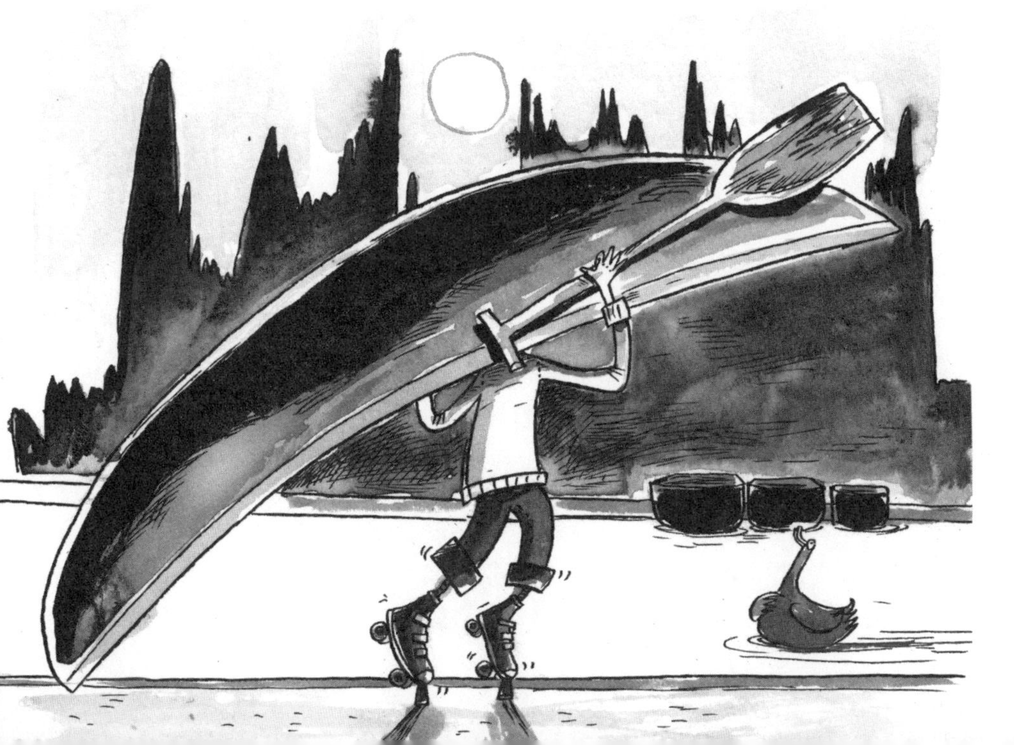

weißer Lichtschimmer fiel, war es im ganzen Haus dunkel. Ich kletterte auf eine Komposttonne und zog mich bis zu dem Fenster hoch. Unten im Garten quakte die Ente, als wollte sie mich anfeuern. In dem sanften Licht, das auf den Fenstersims fiel, schimmerte das Holz nicht mehr in undefinierbarem Grau, sondern – rosarot. Bingo!

Ich klopfte drei Mal gegen die Fensterscheibe.

Von drinnen hörte man ein leises Rascheln.

Ich klopfte noch mal, tock, tock, tock.

Wieder raschelte etwas.

Ich klopfte noch mal.

Noch mehr Geraschel.

Als ich mich gerade fragte, wie lange dieses Spielchen wohl weitergehen würde, glitt plötzlich die untere Hälfte des Fensters nach oben. Zwei riesige Hände zerrten mich durch die Öffnung, drückten mich gegen einen breiten Brustkorb und hielten ein scharfes Schwert an meine zarte Kehle!

(In Wirklichkeit waren es Jennas relativ kleine Hände, die mich an ihren eher schmalen Brustkorb drückten und mir ein Taschenmesser an den Hals hielten. Aber im Eifer des Gefechts fühlt sich so etwas immer viel bedrohlicher an.)

„Wer bist du?", zischte sie mir ins Ohr.

„Sunny Spyce", zischte ich zurück (mein Name lässt sich gut zischen).

„Was willst du hier?"

„Mit dir reden."

„Wer hat dich geschickt?"

„Niemand. Niemand. Auf jeden Fall nicht CoLink."

Sie lockerte ihren Griff und drehte mich zu sich um. „Du bist ja noch ein Kind", stellte sie verblüfft fest. „Wie bist du hierhergekommen?"

„Mit einem Kanu über den Cam."

Jetzt sah ich auch, woher das weiße Licht kam – auf dem Schreibtisch lag ein Telefon mit einem Leuchtdisplay, dessen schwacher Lichtschein auf die bunte Blümchentapete an den Wänden fiel.

Seufzend ließ Jenna Jenkins sich aufs Bett sinken. „Allmählich überrascht mich gar nichts mehr. Ich habe keine Ahnung, was in letzter Zeit los ist."

„Darüber wollte ich mit dir reden", sagte ich und ließ mich im Schneidersitz auf dem Fußboden nieder.

„Einiges weiß ich ja schon, aber ein paar Puzzleteile fehlen mir noch."

„Was weißt du?"

„Zum Beispiel, dass du nie nach London gefahren bist. Du bist von Professor Ian Philips und seinem Bruder Archie gekidnappt worden und hast ungefähr drei Tage eingeschlossen in einer Besenkammer im Fitzwilliam-Museum verbracht."

Sie riss die Augen auf, sagte aber nichts.

„Stacy Vance, deine beste Freundin, hatte entdeckt, dass am Informatik-Institut irgendwelche krummen Sachen ablaufen – und dass Archie Philips darin verwickelt war. Stacy hat dir davon erzählt und du hast für das *UniBlatt* Nachforschungen angestellt. Dabei hast du herausgefunden, dass das Ganze mit CoLinks Plänen zu tun hatte, die Uni mit Geld zu überhäufen. Und dass sie dabei von Ian Philips unterstützt wurden, der ihr Kontaktmann zur Universität war. Kurz bevor du Jeremy Hopkins von der Sache erzählen wolltest, warst du auf einmal verschwunden. Drei Tage später bist du wieder aufgetaucht und hast allen die Geschichte von deinem angeblichen Nervenzusammenbruch erzählt. Stacy behauptet plötzlich, an ihrem Institut wären nie irgendwelche krummen Geschichten abgelaufen, und am Wochenende wird sie fröhlich in einem dämlichen Tutu über die Bühne hüpfen."

Jenna starrte die ganze Zeit auf ihre Finger. Als sie endlich den Mund aufmachte, fragte sie nur: „Und was weißt du nicht?"

„Erstens weiß ich nicht, was CoLink und die Philips-Brüder Schlimmes verbrochen haben, dass sie jemanden, der ihnen auf die Schliche gekommen war, in einer Besenkammer einsperren mussten. Zweitens weiß ich nicht, wie sie es geschafft haben, dich zu kidnappen. Und ich weiß nicht, wie du herausgefunden hast, dass CoLink hinter der Sache steckt. Und warum du nicht sofort zur Polizei gegangen bist, nachdem Professor Philips dich wieder freigelassen hatte – das heißt, falls du nicht selbst abgehauen bist?"

„Du bist wirklich eine ziemlich gute Detektivin", murmelte Jenna. „Na gut, ein paar von deinen Fragen werde ich dir beantworten. Alles fing damit an, dass Stacy aus Spaß ein paar Passwörter im Netzwerk des Informatik-Instituts geknackt hatte. Dabei ist sie über eine verdächtige Software gestolpert, die von Archie Philips stammte. Stacy hat auf den ersten Blick erkannt, dass es etwas Illegales war, und mir am nächsten Tag davon erzählt."

„Warum dir und nicht der Polizei?“

„Weil sie selbst in der Klemme saß. Schließlich war das, was sie gemacht hatte – sich Zugang zu geschützten Bereichen eines Netzwerks zu verschaffen –, auch nicht legal. Außerdem wusste sie nicht, warum Archie an diesem Programm gearbeitet hatte, es hätte genauso gut nur eine Art Programmier-Übung sein können. Also habe ich ihr versprochen, ein paar Nachforschungen anzustellen. Ich habe ein bisschen hinter Archie Philips herspioniert und irgendwann ein Telefongespräch belauscht, in dem er sagte, die Software sei fertig und sein Job damit erledigt. Jetzt müsse derjenige am anderen Ende der Leitung nur noch den Kontakt zwischen CoLink und der Universität herstellen.“

„Ian Philips! Sein Bruder.“

„Das habe ich mir dann auch gedacht, denn bevor er auflegte, sagte er ‚Daddy wäre stolz auf uns‘.“

„Das scheint ja eine nette Familie zu sein.“

„Danach war es nicht mehr schwer, Ian Philips zu finden. Anscheinend war er derjenige, der das ganze Projekt eingefädelt hatte – er war der Kopf der Organisation und Archie sein Handlanger, wenn du weißt, was ich meine. Also habe ich Ian angerufen und ihm erzählt, was ich wusste. Am Telefon wirkte er sehr nett und höflich, und ich ließ mich dazu überreden, ihn im Museum zu treffen. Als ich dort ankam, bat er mich, kurz in diesem kleinen Raum zu warten. Dann hat er mir einfach die Tür vor der Nase zugeschlagen. Entführung kann man es nicht mal nennen."

„Was hatte er vor?"

„Er wollte nicht, dass ich ihnen bei dem Treffen mit CoLink in die Quere kam. Er und sein Bruder haben mich im Museum festgehalten, bis die ganze Sache unter Dach und Fach und das Geld geflossen war."

„Warum hast du nicht einfach um Hilfe gerufen? Wenn du Kekse futtern konntest, hättest du doch auch schreien können."

„Nein, ich hatte meine Gründe, still zu sein und darauf zu warten, dass sie mich wieder freilassen. Sagen wir mal so, wir hatten angefangen, über mein Schweigen zu verhandeln."

„Verhandeln? Wie meinst du das?"

„Na schön, Sunny, so heißt du doch, nicht wahr? Hör mir gut zu, ich gebe dir einen Rat. Ich habe keine Ahnung, wie du an all die Informationen gekommen bist, aber du solltest das alles schnell wieder vergessen. Mich haben sie auch überredet, die ganze Sache zu vergessen."

„Überredet? Dich? Wie haben sie das geschafft?“

Jenna lachte bitter. „Wenn du über solche Summen verfügst wie CoLink, ist es nicht schwer, eine arme Studentin zu überreden, die neunzigtausend Pfund Schulden und einen pflegebedürftigen Bruder hat. Wenn du so viel Geld hast, kannst du alles kaufen. Sogar Schweigen.“

„Aber was haben sie denn eigentlich getan? Was ist so schlimm, dass niemand etwas davon erfahren soll?“

„Ich dachte, du hast mit Stacy gesprochen. Sie weiß ziemlich genau, was da abläuft, auch wenn sie zuerst keine Ahnung hatte, dass CoLink dahintersteckt. Das habe ich dann herausgefunden.“

„Sie wollte mir nichts verraten.“

„Natürlich nicht. Wenn sie den Mund aufmacht, würde sie ziemlich viel Ärger bekommen. Außerdem würde die Schwanensee-Aufführung zusammenbrechen. Dann würde Edwin ihren Namen in der ganzen Ballettszene durch den Dreck ziehen. Und Stacy will unbedingt Profi-Tänzerin werden.“

„Aber wenn sie es mir nicht sagen will, kannst du es doch machen. Was haben sie getan?“

„Nein, tut mir leid. Ich kann nicht. Das ist der Preis, den ich für meine Freilassung bezahlt habe.“

„Ist Archie Philips auch in die Sache verwickelt? Oder nur sein Bruder?“

„Hör auf mit dem Ratespiel“, wehrte sie ab.

„Ist es wirklich illegal?“

„Total illegal.“

„Wird jemand sterben?“

„Nein, nein, so etwas ist es nicht. Ich hab dir doch gesagt, hör auf mit dem Ratespiel!“, stöhnte sie und stand auf. „So etwas ist es nicht – es geht hier weder um Tod noch um Drogen, es ist nicht diese Art von Gewalt. So etwas würde ich auf keinen Fall mitmachen.“

„Du meinst also, es ist keine ernste Sache?“

„Ich meine“, sagte sie langsam, „dass die Sache nicht so ernst ist, als dass ich das Angebot, das sie mir gemacht haben, abgelehnt hätte.“ Jenna ging nervös in dem kleinen Zimmer auf und ab und blickte dabei immer wieder auf ihr Handy. „Ich habe schon viel zu viel gesagt. Tut mir leid, dass ich dich enttäuschen muss.“

Ich blieb noch ungefähr zehn Minuten und löcherte sie mit Fragen – immerhin hatte ich das jahrelang bei meinen Eltern trainiert –, aber Jennas Lippen blieben so verschlossen wie das große C in seinem Kreis. Irgendwann gab ich es auf.

„Ich finde schon allein raus.“

„Wie du meinst. Aber eins will ich dir noch sagen, Sunny – ich glaube zwar nicht, dass du je erfahren wirst, was wirklich Sache ist, aber falls doch, gebe ich dir einen guten Rat: Vergiss es einfach, klar? Denk nicht darüber nach. Die ganze Sache bringt niemanden ernsthaft in Gefahr, sie ist es nicht wert, dass du deswegen ein Risiko eingehst.“

„Aber was …?“

„Geh jetzt.“

Ich kletterte aus dem Fenster, sprang ins feuchte Gras und ging zurück zu meinem Kanu. Als ich mich noch einmal umdrehte, sah ich in dem schummrigen Licht hinter dem Fenster Jennas blasses Gesicht. Ich winkte ihr zu, aber sie machte nur das Fenster zu und schaltete ihr Handy aus. Das ganze Haus wurde schwarz wie die Nacht.

„Quak.“

„Du bist ja immer noch da!“

Die schwangere Ente begleitete mich den ganzen Weg zurück bis nach Cambridge. Vielleicht sagte ihr der Mutterinstinkt, dass sie mich beschützen sollte. Oder es war ihr einfach nur zu langweilig, allein zurück zum Emmanuel College zu schwimmen. Ich trug das Kanu samt Schwimmweste und Paddel zurück in Peters Schuppen.

Die Stadt lag im Tiefschlaf. Mir war noch nie aufgefallen, was für einen Krach Rollerskates machen können. Zum Glück riss niemand das Fenster auf, um nachzusehen, wer da durch die Straßen ratterte. Sogar die Wasserspeier mit ihren Fratzengesichtern, die eigentlich die Colleges bewachen sollten, schienen friedlich vor sich hin zu schlummern.

Vor dem Christ's College stand kein Polizeiwagen, also ging ich davon aus, dass meine Eltern meine Flucht nicht bemerkt hatten. Ich kickte meine Rollerskates von den Füßen, kletterte über den Baum in mein Zimmer und fiel wie ein Stein ins Bett. Ich träumte von Schwänen.

IX

Als ich am nächsten Morgen ins Wohnzimmer stolperte, hörte ich Mum und Dad in laute Ohs und Ahs ausbrechen. Logischerweise ging ich davon aus, dass ich damit gemeint war, und wehrte bescheiden ab: „Bitte, hört auf, ihr macht mich ja ganz verlegen." Erst dann merkte ich, dass ihre Begeisterungsstürme sich auf etwas richteten, das vor ihnen auf dem Tisch lag.

„Sophie, das musst du dir unbedingt ansehen", sagte Mum. „Heute Morgen war ein Katalog in der Post, in dem ganz neue Handymodelle vorgestellt werden. KiddiePhone!"

„KiddiePhone?", wiederholte ich entsetzt und bekam schon bei dem Namen Ausschlag.

„Sieh mal: Diese Handys sind extra für Kinder in

deinem Alter entwickelt worden! ‚Kinderfreundliche Handys, mit denen Eltern ihr Kind immer unter Kontrolle haben. Keine unnötigen Sorgen und keine bösen Überraschungen mehr!' Genau was wir brauchen."

Ich warf einen Blick auf den Katalog. Die Handys darin sahen aus wie Walkie-Talkies für Dreijährige. Eins hatte sogar nur vier Tasten: eine grüne in Form eines Telefonhörers, um Anrufe entgegenzunehmen, eine rosafarbene mit einem großen M, „Mum anrufen", eine blaue mit großem D, „Dad anrufen" und eine, die aussah wie ein Auto, „Polizei anrufen".

„Also, mein Schatz, folgender Plan", sagte Mum. „Wir holen dich nachher von der Schule ab und fahren zum Handyladen. Hier steht irgendwo, dass sie gerade einige KiddiePhone-Modelle im Angebot haben …" Sie blätterte durch den Katalog. „Und danach gehen wir zur Feier des Tages alle zusammen ins Teestübchen. Nur wir drei. Das wird nett! Was für ein wunderbarer Zufall, dass uns dieser Katalog ausgerechnet heute ins Haus geflattert ist!"

Sie plapperte begeistert weiter, aber ihre Stimme schien plötzlich aus einer entfernten Galaxie zu kommen. Mein Gehirn war an einem einzigen Wort hängen geblieben: *Zufall.*

Als sie den Katalog auf den Tisch klatschte, entdeckte ich ein grün-weißes C in einem Kreis.

Zufall.

Mit einem seltsamen Gefühl im Bauch drehte ich den Katalog um. *KiddiePhone wird vermarktet von CoLink, London.*

„Mum“, fragte ich mit lächerlich schriller Stimme, „hast du nicht gestern gesagt, dass du im Internet nach Handys gesucht hast?“

„Ja, ich habe kurz recherchiert.“

„Von hier aus? Über das College-Internet?“

„Ja, warum?“

„Welche Suchbegriffe hast du eingegeben?“

„Das weiß ich doch nicht mehr, Schätzchen.“

„Bestimmt erinnerst du dich wieder, wenn du die Augen ganz fest zukneifst und deine Zunge rausstreckst, sieh mal, so …“

Mum versuchte es tatsächlich (ein sicheres Zeichen dafür, dass sie gute Laune hatte). „Oh ja, jetzt fällt es mir wieder ein. Ich habe etwas eingegeben wie ‚Handys für Kinder‘. Leider hatte ich nicht so viel Zeit, aber glücklicherweise haben wir jetzt ja diesen tollen Katalog. Beeil dich, Schätzchen, in einer halben Stunde fahren wir los … Was machst du da?“

„Schreiben."

„Was schreibst du?"

„Einen Brief."

„Muss das ausgerechnet jetzt sein? Du hast noch nicht einmal geduscht!"

„Tut mir leid, aber es ist wichtig."

„Wem schreibst du überhaupt?"

„Lass sie doch, Agnes. Mädchen haben eben manchmal ihre kleinen Geheimnisse", sagte Dad und lächelte weise, während er selbst einen langen Hals machte, um auf meinen Block zu schielen.

Aber da war ich längst fertig, faltete den Zettel zweimal, steckte ihn in einen Umschlag und verzog mich auf die Toilette, um in Ruhe die Adresse darauf zu schreiben:

Jeremy Hopkins
Gonville & Caius College

Dann rannte ich zur Pförtnerloge und warf den Brief in den internen Postkasten der Universität. Jeremy würde ihn noch an diesem Vormittag bekommen. Dann würde er alles wissen, was ich wusste, und sofort zur Polizei gehen. *Ihm* würden sie bestimmt glauben (mir glaubte nie jemand, anscheinend habe ich schon ein zu langes Lügenregister).

Endlich hatte ich das letzte Puzzleteil gefunden. Das, was CoLink in Zusammenarbeit mit den fiesen Philips-Brüdern auf der Homepage der Universität installiert hatte, war keineswegs nur Werbung, wie sie behaupteten. In Wirklichkeit handelte es sich um eine Art Spion, eine spezielle Software, die sämtliche Aktivitäten der Computernutzer verfolgte und speicherte, um neue Kunden für die von CoLink vertretenen Marken zu finden. Hunderte von Studenten und Universitätsmitarbeitern wurden in diesem Moment von CoLink ausspioniert – jede ihrer Bewegungen im Internet wurde gespeichert und auf ihre Vorlieben und Interessen hin analysiert. Und dann bekamen sie dazu passende Kataloge und Werbegeschenke zugeschickt.

Deshalb spazierte die Medizinstudentin Fiona jetzt mit einem Kapuzenshirt herum, das den Werbeaufdruck einer medizinischen Firma trug. Auf die gleiche Weise war der Entenkatalog durch unsere Eingangstür gewatschelt, kurz nachdem Dad im Internet Informationen über Enten recherchiert hatte! Und auch der fatale Flyer mit diesen lächerlichen Handys war nicht zufällig vom Himmel in die Hände meiner Eltern gefallen! Und das alles mit freundlicher Empfehlung von CoLink. Klingeling! Man konnte sich leicht ausrechnen, wie bei denen das Geld in der Kasse klingelte und wie schnell sie sich auf diese Weise die großzügigen Spenden wieder zurückholten und noch viel mehr.

Dieses C im Kreis verfolgte uns überall, wie ein kleines grünes Auge, das allen hinterherspionierte. Es war schuld daran, dass jeder, der mit der Universität zu tun hatte, zu Freiwild für CoLinks Werbekampagnen geworden war. Es war schuld daran, dass Jenna Jenkins ihre Arbeit als Journalistin, ihre Karriere als Ballerina und ihr Studium aufgeben musste. Und es war auch schuld daran, dass meine Eltern mir deswegen jetzt ein Handy kaufen würden, das mich zur absoluten Lachnummer machen würde.

Ich war ziemlich sicher, dass all das – vor allem natürlich das Letzte – vollkommen illegal war.

☆☆☆

„Ich werde die ganze Verbrecherbande in einem rattenverseuchten Kerker verrotten lassen!“, versprach ich dem College-Wappen, als ich durch das Tor ging.

Aber das war noch nicht Strafe genug.

„Sie werden über einem Becken voll hungriger Krokodile an den Füßen aufgehängt!“, versprach ich der Statue von Heinrich VIII. vor dem King’s College.

Immer noch nicht Strafe genug.

„Giftige rote Ameisen werden ihnen bei lebendigem Leib die Augen herausknabbern, während eine Herde Ziegen ihnen mit ihren Sandpapierzungen die Fußsohlen leckt!", versprach ich den tausend Fahrrädern, die draußen vor dem Peterhouse College angekettet waren.

Dann drohte ich mit der Faust dem Fitzwilliam-Museum, wo die beiden Ganoven-Brüder wahrscheinlich gerade mit teurem Champagner auf ihren Erfolg anstießen.

☆☆☆

Eigentlich wollte ich Toby und Emma sofort von meinen spektakulären Ermittlungserfolgen berichten, aber dann musste ich erst noch zwei andere Probleme lösen, die ich nicht eingeplant hatte.

Als Erstes war Emma an der Reihe: „Ich bin total nervös wegen der Aufführung morgen. Was ist, wenn ich alles vermassele? Was ist, wenn ich plötzlich nicht mehr spielen kann, nicht mehr sprechen, nicht mehr atmen? Was ist, wenn mir schlecht wird und ich mich auf mein Cello übergebe? Was ist, wenn jemand in den Orchestergraben fällt, direkt auf mich drauf?“

Dann kam Toby: „Wisst ihr, was? Sie haben meinen Dad gefragt, ob er nicht das Büfett für die Premierenfeier von Schwanensee übernehmen kann! Das wird spitze, sag ich euch! Angucken werde ich mir das Gehüpfe aber trotzdem nicht. Lieber würde ich meine eigenen Gedärme als Püree mit klein gehacktem Estragon verspeisen.“

„Moment mal, eins nach dem anderen. Em, es wird alles gut gehen, da bin ich mir sicher. Du bist der Picasso unter den Cellospielern. Du wirst das Publikum von den Sitzen reißen. Am Ende werden sie dich anflehen, ihnen ein Autogramm auf den nackten Oberkörper zu schreiben. Und jetzt zu dir, Toby: Wovon redest du eigentlich? Welche Feier?“

„Na, morgen nach der Ballettaufführung treffen sich alle zu einer großen Feier in der Kunstgalerie an der Ecke Jesus Lane und Sidney Street.“

„Straßennamen kann ich mir nie merken.“

„Da, wo letzten Monat ein Bild von einem nackten Mann im Schaufenster stand."

„Ah, ich weiß!" (Mum und Dad hatten immer neue Ausreden erfunden, um einen anderen Weg zu gehen, solange der nackte Mann dort im Fenster war.)

„Jedenfalls wird da eine Riesenparty steigen und mein Dad soll das Büfett organisieren. Sie haben ihm einen Riesenhaufen Knete dafür bezahlt!"

„Das kann ich mir vorstellen", sagte ich finster, denn ich ahnte, wer dahintersteckte.

„Du kannst auch zu der Party kommen, Sunny", sagte Emma, „ich darf einen Gast mitbringen. Das wird lustig! Und weißt du, was? Professor Philips wird auch da sein! Ich habe seinen Namen auf der Gästeliste gesehen. Edwins Vater hat ihn eingeladen."

„Okay, ich bin dabei. Auf alle Fälle bin ich dabei. Aber jetzt hört mir mal zu. Wir brauchen einen Schlachtplan."

Und dann erzählte ich den beiden die ganze Geschichte. Sogar zweimal, weil Toby beim ersten Mal nicht alles kapierte. Und selbst dann sagte er: „Ich verstehe nicht, was daran so schlimm sein soll, wenn man Werbung für Sachen bekommt, für die man sich sowieso interessiert. Das ist doch besser als irgendwelche Werbung für Winterreifen oder Treppenlifte, die niemand braucht.“ Bevor ich es ein drittes Mal versuchte, schaltete sich Emma ein: „Toby, glaub uns einfach. Das ist nicht gut.“

„Auf jeden Fall müsst ihr die Sache vorerst für euch behalten“, bat ich die beiden. „Lauft bloß nicht los und posaunt es überall herum. Wenn die Philipse erfahren, dass wir ihnen auf die Schliche gekommen sind, tauchen sie im südamerikanischen Dschungel unter, und dann können wir lange suchen! Ich habe Jeremy geschrieben, dass er mit unseren Informationen zur Polizei gehen soll. Er ist zwar auch bloß ein Student, aber immerhin ist er acht Jahre älter als wir. Die Wahrscheinlichkeit, dass sie ihm glauben, ist also achtmal so groß wie bei uns.“

Toby und Emma versprachen dichtzuhalten, als das Schrillen der Schulglocke unsere streng geheime Dienstbesprechung abrupt beendete.

In der Französischstunde passierte das Unglaublichste und Überraschendste überhaupt. Mitten im Unterricht klopfte es an der Tür. (Das gehört noch nicht zu dem unglaublichen Teil.)

„*Entrez!*“, rief Mademoiselle Corentin.

Die Tür ging auf und Mrs Appleyard betrat den Klassenraum.

„Hallo.“ Sie wirkte ein wenig verwirrt. „Ich … äh … ich habe hier einen Brief für Sunny Spyce.“

„*Une lettre?*“, wiederholte Mademoiselle Corentin. „*Pour Mademoiselle Spyce?*“

„Äh … *Oui*“, bestätigte Mrs Appleyard unsicher. „Ein junger Mann kam gerade vorbei und hat ihn für sie abgegeben.“

„*Un jeune homme vient de passer pour vous lui la donner?*“, wiederholte Mademoiselle Corentin den Satz auf Französisch.

„Ja, genau“, riet Mrs Appleyard. „Anscheinend ist es dringend.“

„*Apparemment c'est urgent?*“, sagte Mademoiselle Corentin.

„Also, hier ist er“, sagte Mrs Appleyard brüsk. Offenbar fühlte sie sich von dieser zweisprachigen Unterhaltung allmählich überfordert.

„*La voilà donc*“, übersetzte Mademoiselle Corentin. „*Mademoiselle Spyce! Une lettre pour vous.*“

„*Merci* vielmals!“, antwortete ich und schnappte mir den Umschlag.

Die ganze Klasse starrte mich an, als hätte ich soeben eine Einladung aus Hogwarts erhalten. Ich ging zurück an meinen Platz und riss den Umschlag unter den missbilligenden Blicken von Mademoiselle Corentin, die wieder auf die Übersetzung des Wortes „Camembert“ zurückkam, auf.

Er enthielt eine Telefonnummer und eine kurze Nachricht:

> Hi Sunny,
> Danke für deinen Brief. Wahnsinn, ich kann's kaum glauben: Jetzt wissen wir endlich, was da läuft! Aber ich kann noch nicht zur Polizei gehen, so funktioniert das nicht. Zuerst brauche ich ein Geständnis von Ian Philips.
> Ich treffe mich heute mit ihm und bringe ihn zum Reden. Melde mich heute Abend wieder bei dir. Wir werden ihn überführen!
> Bis später, ruf mich an, wenn du mich brauchst.
> Jeremy x

Wow! Nicht nur, dass ich mitten im Französischunterricht eine geheime Botschaft erhalten hatte, sie kam auch noch von einem Jungen und endete mit einem X. Wenn ich eine dumme Gans gewesen wäre,

wäre ich bestimmt in Ohnmacht gefallen. Heimlich schob ich Toby und Emma die Nachricht zu, woraufhin sie mir wilde Daumen-hoch-Zeichen machten.

Kommst du nach der Schule mit zu uns?, kritzelte Toby auf seinen Heftrand.

Geht nicht, schrieb ich mit Filzstift auf mein Radiergummi, *meine Eltern holen mich ab. Sie wollen mir ein* (der Rest passte nicht mehr drauf, also schrieb ich auf meiner Hand weiter) *Handy kaufen.*

Wurde aber auch Zeit!, kommentierte Emma auf dem Französischtest von letzter Woche. *Welches?*

Megapeinlich!, schrieb ich mit Bleistift auf meinen Tisch und wischte es mit der linken Hand sofort wieder weg, denn Mademoiselle Corentin würde mich gnadenlos zur Schnecke machen, wenn sie mich erwischte. *KiddiePhone!*

HAHAHA!, kam die einstimmige Antwort zurück. Hatte ich es nicht gesagt?

Ärgere dich nicht, fügte Emma noch hinzu. *Die haben immer ein cooles Alphabet-Quiz!*

Todunglücklich sackte ich auf meinem Tisch zusammen.

Als Krönung aller Peinlichkeiten erwarteten Mum und Dad mich winkend und mit lautem „Huhuu, Sophie!“ draußen vor dem Schultor.

„Hallo, Eltern. Ihr braucht mich nicht an die Hand zu nehmen. Wie war euer Tag?“

„Was steht da auf deiner Hand?“, fragte Dad so laut, dass es jeder hören musste. „‚Handy kaufen‘ – ist das nicht süß? Sie hat sich einen Einkaufszettel geschrieben!“

„Da sind wir schon!“, trällerte Mum gut gelaunt. „Supercool!“

„Mum, hör auf, bitte kein ‚supercool‘.“

„Hallo-o-o!“, schmetterte Dad im Laden einem Verkäufer entgegen, der sich nicht schnell genug zwischen den Regalen geduckt hatte. Er sah aus, als wäre er nur ein paar Wochen älter als ich. „Wir suchen ein Handy für unser kleines Mädchen.“

„Das ‚klein‘ kannst du gerne weglassen!“, zischte ich.

„Unsere Handyabteilung finden Sie dort drüben. Gerade haben wir das neueste Smartphone hereinbekommen, mit 3D-Video-Funktion und …“

„Um Himmels willen, doch nicht so etwas! Wir haben uns genau informiert, welche Modelle für unsere Tochter infrage kämen“, nahm Mum ihm gleich den Wind aus den Segeln und wedelte mit dem KiddiePhone-Katalog vor seiner Nase herum. Vorsichtshalber verkrümelte ich mich in eine Ecke und stellte mich tot wie ein Hamster im Winterschlaf. Jetzt hätte ich doch gern ein paar Superkräfte gehabt, um mich unsichtbar zu machen.

„Sind Sie wirklich sicher?“, fragte der Verkäufer. „Diese Art von Handys haben nur die einfachste Basisausstattung – keine Apps, keine Sonderfunktionen, keine Spiele zum Zeitvertreib …“

„Zeitvertreib!“, schnaubte Dad. „Das ist genau das Problem mit Ihrer Generation, junger Mann – anstatt Ihre Zeit produktiv zu nutzen, vertreiben Sie sie einfach!“

„Jetzt weißt du, was Folter ist“, erklärte ich einem Baby in einem Kinderwagen, das mich mit großen Augen ansah.

„Wie Sie wünschen“, gab der Verkäufer schließlich auf und warf mir einen mitleidigen Blick zu. „Natürlich haben wir auch einige KiddiePhone-Modelle vorrätig.“

Mum und Dad nahmen die verfluchten Dinger mit kritischem Blick unter die Lupe. Als sie dann überraschenderweise doch ein bis zwei Sonderfunktionen entdeckten, stießen sie so begeisterte Laute aus, als hätten sie gerade ein buntes Osterei gefunden.

„Sieh mal, das ist wirklich clever! Ein Zeitmesser zum Zähneputzen!“

„Und sogar ein Alphabet-Quiz!“

„Außerdem können Sie einen dreiminütigen Text auf das Handy sprechen“, erläuterte der Verkäufer. „Zum Beispiel Ihre Adresse und Telefonnummer, die kann Ihre Tochter dann anderen Erwachsenen vorspielen, falls sie sich verlaufen hat.“

„Toll!“

Ich fing an, mir eine Atombombe herbeizuwünschen, die eine der rivalisierenden Unis genau in diesem Moment über Cambridge abwerfen würde. Doch bevor es dazu kommen konnte, hatten Mum und Dad bereits beschlossen, dass sie gerade ihr absolutes Traummodell von „kindgerechtem“, sprich peinlichstem Handy gefunden hatten. Ich wurde gar nicht erst nach meiner Meinung gefragt, sondern nur dazu aufgefordert, ihnen zu bestätigen, dass es mir gefiel. Dann blätterten sie fünfundzwanzig Pfund plus zehn Pfund für das Guthaben hin und verließen mit ihrer Errungenschaft zufrieden den Laden.

☆☆☆

Vor dem Abendessen hatte ich immer noch nichts von Jeremy gehört. Also kroch ich unter meine Bettdecke, um ihn mit meinem peinlichen neuen Handy anzurufen. Ich musste es eine ganze Weile klingeln lassen, bis sich am anderen Ende endlich Jeremys verschlafene Stimme meldete.

„Hallo? Wer ist da?“

„Ich bin’s, Sunny.“

„Oh. Sunny. Hi.“

„Alles okay bei dir?“

„Ja, warum? Klinge ich nicht-okay?“

„Weiß nicht. Ein bisschen. Und?“

„Was, und?“

„Dein Treffen mit Professor Philips. Wie ist es gelaufen?“

„Ach, das.“ Er stieß einen tiefen Seufzer aus.

„Ja, das!“

„Also … Hör mal, Sunny. Äh … ich denke, wir sollten die ganze Sache lieber vergessen.“

„Was soll das heißen, vergessen? Was hat er gesagt?“

„Viel. Aber das ist alles ziemlich kompliziert, du würdest es nicht verstehen. Egal. Wie war dein Tag? Was …“

„Moment mal“, unterbrach ich ihn. „Was ist los? Hat er alles gestanden? Wirst du ihn bei der Polizei anzeigen?“

„Äh … nein, werd ich nicht. Hat keinen Zweck. Hör zu, Sunny … ich weiß, es ist nicht einfach zu verstehen, aber … du musst mir einfach glauben, ja? Wir lassen die Sache fallen.“

Plötzlich verstand ich. Es fühlte sich an, als hätte ich etwas Spitzes verschluckt.

„Er hat dich gekauft!“, krächzte ich heiser. „Er hat dir Geld gegeben, genau wie bei Jenna! Er hat sich dein Schweigen erkauft!“

„Nein, so ist es nicht, Sunny. Du übertreibst.“

„Jeremy, das kannst du nicht machen! Du musst zur Polizei gehen und ihnen alles erzählen!“

„Denk doch mal drüber nach, eigentlich ist es ein

ziemlich faires Geschäft. Die Uni bekommt Geld, um für ihre Studenten eine bessere Ausstattung anzuschaffen. CoLink bekommt das Geld zurück, wenn die Leute die Produkte ihrer Kunden kaufen. Und Professor Philips bekommt Geld dafür, dass er die beiden zusammenbringt."

„Nein", stammelte ich mit erstickter Stimme, „du darfst dieses Geld nicht annehmen …"

„Genau genommen nehme ich gar kein Geld von ihm an. Er zahlt meinen Studienkredit zurück und verschafft mir einen richtigen Job als Journalist. So etwas ist unbezahlbar, wenn du gerade am Anfang stehst, weißt du."

„Nein, Jeremy, hör mir zu – es ist nicht richtig!"

„Wer weiß schon, was richtig ist?", brummte er. „Du darfst mich nicht verurteilen, Sunny. An meiner Stelle würdest du das Gleiche tun. Das weiß ich."

Er sagte leise „tschüs" und legte auf.

X

So wie es aussah, würden die fiesen Philips-Brüder und die Netzwerkterroristen von CoLink wohl doch nicht in einem rattenverseuchten Kerker verrotten. Ich war so deprimiert, dass ich nicht einmal lachen konnte, als Kater Mortimer eine tote Motte in Dads Erbsensuppe fallen ließ.

Am nächsten Morgen war nicht nur der Himmel über Cambridge grau und trübe. Ich quälte mich trübsinnig aus dem Bett, zog mich trübsinnig an, frühstückte trübsinnig und wurde mit dem Schlumpfmobil trübsinnig zur Schule gefahren.

„Was machst du für ein trübes Gesicht?“, fragte Dad. „Hast du Zahnschmerzen?“

„Wenn es so wäre, würde es mich jedenfalls nicht wundern“, entgegnete ich missmutig. „Schließlich habe ich sie nach der Zahnputzuhr in meinem neuen Handy drei Minuten lang geschrubbt wie eine Verrückte."

Dad grinste. „Immerhin spielt dazu eine hübsche Melodie."

Das Gedudel war so unerträglich, dass ich mir drei Minuten lang gewünscht hatte, menschenfressende Außerirdische würden mich aus dem Badezimmer entführen und mit mir in den grauen Himmel fliegen.

Als das Schlumpfmobil vor der Schule zum Stehen kam, hielt Dad mir einen warnenden Zeigefinger unter die Nase.

„Lass dir nicht dein Handy klauen!"

„Keine Sorge, das Ding will sowieso keiner haben. Dafür müsste sich schon der dümmste Dieb der Welt zufällig gerade hier herumtreiben."

Natürlich hatte ich gehofft, dass Emma und Toby über Jeremys Hochverrat genau so entsetzt wären wie ich, aber Toby hatte immer noch nicht begriffen, was an der Sache so schlimm sein sollte, und Emma hatte solchen Bammel vor der Schwanensee-Premiere am Abend, dass sie schon jetzt zu keinem klaren Gedanken mehr fähig war. Sie konnte sich beim besten Willen nicht vorstellen, dass es in unserer kleinen Stadt gerade viel dramatischere Probleme gab als ihr Lampenfieber. Irgendwann gab ich es auf.

„Du wirst es schon schaffen, Em“, sagte ich mindestens siebenhundert Mal an diesem Tag, worauf Emma jedes Mal eine neue Katastrophe einfiel, die ihr ganz sicher passieren würde:

„Stell dir vor, ich muss mittendrin plötzlich niesen und mein Cello ist voller Rotz.“

„Bestimmt kriege ich einen Krampf in den Fingern und kann den Bogen nicht mehr gerade halten.“

„Wir haben furchtbar trockene Luft. Ich sage dir, mein Cello wird mitten in der Aufführung auseinanderbrechen.“

Am Ende des Schultages umarmte sie mich so fest, als wäre sie ein junger Soldat auf dem Weg in die blutbefleckten Schützengräben eines fernen Krieges.

„Du wirst mir positive Energiewellen schicken, nicht wahr, Sunny?“

„Ich werde dir einen positiven Energietsunami schicken. Kopf hoch, das wird schon!“

„Aber ich habe mir an meinem wichtigsten Finger den Nagel abgebrochen …“

„Wird schon schiefgehen, Em. Wir treffen uns um sieben. Bis später, Toby.“

„Das Essen wird sicher fantastisch“, versprach Toby. „Ich habe gesehen, wie mein Dad die kleinen Biskuitrollen mit Marmelade gerollt hat, von den Fingerspitzen bis unter die Achseln!“

☆☆☆

„Und heute Abend läuft alles so wie besprochen?“, fragte Mum. „Wird Emmas Mutter dich nach der Premierenfeier auch ganz bestimmt nach Hause bringen?“

„Ja, Mum. Sie bringt mich nach Hause, steckt mich ins Bett, und vielleicht singt sie mir sogar noch ein Schlaflied vor.“

„Warte mal, Sophie – du hast deine Bluse nicht ordentlich in den Rock gesteckt.“

„Aber Mum, das ist doch völlig unnötig.“

„Entweder du steckst sofort die Bluse ordentlich rein oder du bleibst zu Hause.“

Seufzend stopfte ich meine Bluse in den Bund.

„Du weißt, dass dein Dad und ich heute Abend zum Essen eingeladen sind.“

„Ja, Mum, ich schaffe das schon.“

„Mein großes Mädchen! Geht ganz allein ins Ballett und auf eine Premierenfeier!“

Ganz allein mit Emmas kompletter Familie und Tobys Vater.

Als ich mit Emmas Eltern in der Konzerthalle ankam, machte Emma gerade eine ihrer Yogaübungen, um sich vor dem großen Auftritt zu entspannen.

„Kopfstand ist das Beste!“, sagte sie und hielt mir ihre Füße unter die Nase.

Ich saß neben ihren Eltern und ihren kleinen Zwillingsbrüdern, die ihre Meinung über Ballettaufführun-

gen deutlich zum Ausdruck brachten, indem sie unüberhörbare und sehr überzeugende Würgegeräusche von sich gaben. Zwei Reihen vor uns entdeckte ich die beiden Philipse und direkt neben ihnen Mr Franklin. Das wäre die ideale Gelegenheit für die Polizei gewesen, alle drei auf einmal an einem Riesenspieß über dem Gefängnisgrill zu rösten. Aber es geschah nichts dergleichen.

Sobald die Aufführung begann, schaltete ich auf Energiespar-Modus und fing an, vor mich hin zu träumen. Ich malte mir aus, wie ich im Garten ein Dinosaurierei fand und meine Eltern mir erlaubten, es zu behalten und auszubrüten. Dank dieser spannenden Geschichte war das Ballett viel schneller vorbei, als ich erwartet hatte, und ich war sogar ein bisschen enttäuscht, als der Vorhang fiel, kurz bevor ich meinem süßen kleinen Cookiesaurus das Schwimmen beibringen konnte.

„Emma ist bestimmt superglücklich, dass sie keinen einzigen Fehler gemacht hat“, sagte ich zu Mr und Mrs Sarland. Die beiden hatten eine leicht grünliche Gesichtsfarbe angenommen, also hatte ich mit meiner Aussage wohl nicht ganz ins Schwarze getroffen.

Danach strömten alle hinüber zur Kunstgalerie, wo

man sich durch einen ganzen Pulk von Musikern und Tänzern boxen musste, die sich alle in den Armen lagen und gegenseitig beglückwünschten. Hinter dem Büfett erspähte ich Tobys Dad mit Toby, der ihm half, Essen und Getränke auszuteilen. Ich beschloss, einen Bogen um die Biskuitrollen zu machen, schnappte mir stattdessen eine Erdbeere und stieß beinahe mit Edwin zusammen, der mit einem riesigen Bündel Schwanenflügel beladen war. Er verschwand damit im oberen Stockwerk.

„Wie war die Aufführung?", fragte Toby, als ich mich zu ihm durchgekämpft hatte.

„Keine Ahnung, ich habe von der Tanzerei nicht viel gesehen", gestand ich. „Aber du hättest mitkommen sollen! Es war ideal, um in aller Ruhe vor sich hin zu träumen. Nur das Geschabe und Gequietsche aus dem Orchestergraben hat ein bisschen gestört."

Eine Musikerin, die sich gerade an uns vorbeidrückte, warf mir einen säuerlichen Blick zu. Aber das konnte auch an der halb angebissenen Biskuitrolle mit Achselhöhlen-Aroma gelegen haben, an der sie herumknabberte.

Dann mussten alle leise sein, weil Edwin eine Rede halten wollte. „Und ein ganz besonderer Dank geht an meinen Vater Rudolph Franklin, der die wunderbaren Kostüme gesponsert hat. Ohne die Unterstützung von CoLink hätten unsere Schwäne weit weniger schwanenhaft ausgesehen. Ich bitte um einen kräftigen Applaus."

Die Philips-Brüder klatschten lauter als alle anderen zusammen. Ich hatte genug von dem ganzen Trara. Außerdem musste ich aufs Klo, welches sich – wie mir ein kleines Schildchen an der Wand verriet – im ersten Stock befand.

Oben auf der knarrenden Treppe angekommen, hatte ich drei Türen zur Auswahl. Auf der ersten stand ein großes L, auf der zweiten eine großes G. Die dritte Tür war nicht beschriftet. Ich war zutiefst verwirrt. Musste man hier an einem Buchstaben-Quiz teilnehmen, bevor man aufs Klo durfte? Ich wollte auf keinen Fall das Risiko eingehen und aus Versehen auf dem Jungenklo landen. Toby hatte nämlich behauptet, dass es da drin ganz anders aussieht als auf dem Mädchenklo und dass es mich für den Rest meines Lebens traumatisieren könnte.

Nach kurzer Überlegung entschied ich mich für die dritte Tür, die wahrscheinlich für Leute gedacht war, die nicht wussten, was L und G bedeutete.

Doch anstatt in einer Toilette fand ich mich in einem dunklen, langen Abstellraum wieder, zwischen lauter Skulpturen und Gemälden, die in Packpapier und Luftpolsterfolie eingewickelt waren. In einer Ecke lag der Haufen Schwanenflügel, mit dem mir Edwin vorhin begegnet war. Durch ein großes Fenster, das zur Straße hinausging, blickte man auf die Mauern des Sidney Sussex College. Ich stützte die Ellbogen auf das Fensterbrett und sah in den Himmel.

„Ach“, seufzte ich, „wenn ich mir vorstelle, dass die Welt niemals die Wahrheit über CoLink und die dunklen Geschäfte der Philips-Brüder erfahren wird! Ich darf gar nicht daran denken, dass die Verbrecher ungestört unter den Ahnungslosen wandeln und ihr Unwesen treiben und niemand sie daran hindert!“

Plötzlich ging die Tür auf und ich hatte gerade noch Zeit, hinter das große Gemälde einer grasenden Kuh zu hechten, ehe jemand auf den Lichtschalter drückte und eine altersschwache Lampe ihren gelblichen Schein über den Raum warf.

„Na, Eddie, genießt du deinen großen Abend?“

„Richtig genießen kann ich es erst Sonntag, wenn wir alles hinter uns haben. Aber es ist gut gelaufen heute Abend. Hat dir die Aufführung gefallen, Dad?“

„Fantastisch. Ganz fantastisch."

Jemand öffnete das Fenster, dann hörte ich, wie ein Streichholz angerissen wurde, und kurz darauf stieg mir Zigarettenrauch in die Nase.

Eine weitere Stimme erklang. „Darf ich? Ich hab meine zu Hause vergessen."

„Selbstverständlich, Archie, bedien dich. Ian?"

„Nein danke, ich rauche nicht."

In dem Moment hatte ich eine Eingebung. So geräuschlos wie möglich zog ich mein Handy aus der

Tasche und klickte mich durch die lächerlich wenigen Funktionen.

Anrufen.

SMS.

Telefonbuch.

Zahnputzuhr.

Alphabet-Quiz.

Audionachricht.

Ich wählte „Audionachricht“ und dann „Aufnahme“.

„Das nenne ich einen Erfolg“, sagte Ian Philips gerade.

„Und alles dank Archies genialer Software“, ergänzte Mr Franklin. „Sie ist sogar noch effektiver als gedacht – wir erhalten sehr detaillierte Informationen über die Nutzer. Offenbar werden nicht nur die Internet-Recherchen, sondern auch der E-Mail-Verkehr abgefangen. Sehe ich das richtig?“

„Absolut“, bestätigte Archie. „Wenn zum Beispiel das Wort ‚Pferd‘ mehrmals in E-Mails oder als Suchbegriff auftaucht , werden die Nutzer als Reiter gespeichert.“

„Sind deine Kunden mit dem Resultat zufrieden, Dad?“

„Oh ja, die Verkaufszahlen in Cambridge sind bereits deutlich gestiegen. Natürlich wissen unsere Kunden nicht, wie wir es schaffen, die Verbraucher so direkt anzusprechen. Und sobald wir das Ganze erst auf andere Universitäten ausgeweitet haben … möglicherweise auch auf andere Institutionen …“

„Du kannst echt froh sein, dass ich dich mit Ian zusammengebracht habe, findest du nicht, Dad?“, fragte Edwin lachend. „Er weiß genau, welche Leute hier an der Uni das Sagen haben!“

„Das ist nicht schwer, wenn man schon so lange hier arbeitet wie ich“, erwiderte Ian Philips. „Ich bin ein angesehenes Mitglied der Universität. Alles, was ich tun musste, war, die Leute davon zu überzeugen, dass die ganze Sache vollkommen harmlos ist und niemandem wehtut.“

„Und das ist Ihnen wirklich hervorragend gelungen“, bemerkte Mr Franklin. „Edwin, Ian erwähnte, dass es da ein kleines Problem gab mit einer Studentin, die gewisse Vermutungen hatte …?“

„Alles unter Kontrolle, Dad. Das war Stacy, die Solo-Tänzerin des Balletts. Sie ist am Informatik-Institut irgendwie über Archies Programm gestolpert, als es sich noch in der Entwicklungsphase befand, und hat diesem anderen Mädchen – Jenna Jenkins – davon erzählt."

„Ah, ich verstehe."

„Letzten Sonntag war Archie gerade dabei, die Software auf dem Netzwerk vom Trinity College zu testen, und hat sich dabei in einen Chat zwischen Stacy und Pastor Tan, dem College-Seelsorger, eingehackt. Glücklicherweise ist es Archie gelungen, die Verbindung zu unterbrechen, bevor das Mädchen entscheidende Dinge ausplaudern konnte. Ich bin dann später in Tans Büro eingebrochen und habe seinen Computer *sichergestellt*, für den Fall, dass er den Chat aufgezeichnet hatte. Gestern war ich in Norwich und habe das Gerät auf der Mülldeponie entsorgt. Dort wird bestimmt niemand danach suchen."

„Sehr gut. Ausgezeichnet. Und diese Stacy wird bestimmt nicht reden?"

„Nein. Ich habe ihr einen kleinen Handel vorgeschlagen: Sie vergisst, was sie weiß, und dafür werde ich sie bei ein paar Leuten vom Nationalballett ins Gespräch bringen, um ihrer Karriere ein bisschen nachzuhelfen."

„Und was ist mit dieser Jenna Jenkins?"

„Da sind wir auch auf der sicheren Seite", sagte Ian

Philips mit seiner sanften Stimme. „Es gibt nichts, was man nicht mit einer kleinen Geldspritze regeln kann. Übrigens bin ich gestern noch von einem anderen Studenten angesprochen worden, der Bescheid wusste – keine Ahnung, woher. Aber er war genauso leicht zu überzeugen wie die Jenkins. Wir haben alles im Griff."

„Also dann – auf unseren Erfolg!"

„Auf unseren Erfolg!"

Man hörte Gläser klingen …

… und plötzlich ein ganz anderes, unerwartetes Geräusch.

Ihre Aufnahmezeit ist beendet. Ihre Aufnahmezeit ist beendet. Ihre Aufnahmezeit ist beendet.

Gefolgt von dem albernen Gedudel der Zahnputzuhr.

„Was ist das?"

„Das kommt von der Kuh!"

„Welcher Kuh?"

„Dem Bild da drüben!"

Mehrere Hände griffen nach dem Rahmen und hoben das Gemälde in die Höhe.

„Sunny Spyce!"

„Sunny Spyce!"

„Sunny Spyce!“

„Sunny Spyce!“

„Wow“, sagte ich, „Sie kennen mich alle!“

„Was machst du hier?“

„Ich habe hinter dem Bild einen kleinen Schönheitsschlaf eingelegt. Das ist gerade schwer in Mode!“

Professor Ian Philips, offenbar gar nicht mehr in Feierlaune, packte mich bei den Schultern und stellte mich erstaunlich energisch auf die Beine. „Was war das eben? Das mit der Aufnahme?“

„Ach, das! Nichts, gar nichts!“

Sie waren alle etwas blass um die Nase geworden und starrten auf mein KiddiePhone, als wäre es eine Massenvernichtungswaffe.

„Sunny“, sagte Edwin betont langsam und mit einem leicht hysterischen Unterton in der Stimme, „gib mir bitte das Telefon.“

„Das geht bedauerlicherweise nicht. Meine Eltern haben es mir erst gestern gekauft. Ehrlich gesagt, würde ich das peinliche Ding liebend gern so schnell wie möglich loswerden, aber sie würden mich ausquetschen wie eine Zitrone, bis nur noch meine verschrumpelte Haut übrig wäre.“

„Keine Angst, ich rede mit deinen Eltern und sage

ihnen, dass sie dich nicht bestrafen sollen", schnurrte Ian Philips mit seiner honigsüßen Stimme. „Ich kenne sie. Sie sind gute Freunde von mir."

„Meine Eltern würden nicht auf Sie hören. Sie hören ja nicht mal auf die Europäische Union."

„Schluss mit dem Zirkus", sagte Mr Franklin barsch und packte meinen Arm. „Komm schon, sei ein braves Mädchen und gib uns dieses Handy!"

„Will ich aber nicht!"

„Haltet sie fest!"

Zu viert packten die gemeinen Kerle mich an Armen und Beinen. Ich kam mir vor wie im Mittelalter, als man Verbrecher von wilden Pferden vierteilen ließ. Mr Franklin hielt mir den Mund zu, während ich wie wild zappelte und um mich trat und dabei jede Menge Arme, Beine und Gesichter traf.

Irgendwann gelang es mir, mich von Edwin, der meinen rechten Arm umklammert hatte, loszureißen. Schnell ließ ich das Handy in meinem Blusenkragen verschwinden. Und weil ich die Bluse – danke, Mum! – ordentlich in den Rockbund gesteckt hatte, konnte es unten nicht rausrutschen, sondern machte es sich in einer kleinen warmen Hängematte zwischen meinem Bauch und dem Rock gemütlich.

„Abrakadabra! Es hat sich einfach in Luft aufgelöst“, verkündete ich.

„Von wegen in Luft aufgelöst!“, zeterte Mr Franklin. „Stellt sie auf den Kopf!“

Im Eifer des Gefechts vergaßen sie, ihre Umdrehaktion zu koordinieren. Anstatt einer nach dem anderen umzugreifen, ließen sie mich alle gleichzeitig los und ich konnte mich wie ein glitschiger Aal davonschlängeln. Im nächsten Moment verwandelte ich mich in ein australisches Buschkänguru und hüpfte in die andere Ecke des Raums, wo ich mir ein Paar Schwanenflügel schnappte und als eine Art Schild benutzte.

„Ganz ruhig, Sunny, bitte sei vernünftig“, säuselte Ian Philips. „Die Informationen, die du hast, sind überhaupt nichts wert. Es wird sich sowieso niemand dafür interessieren, glaub mir. Du hättest viel mehr davon, wenn du ein hübsches Lied singen und das mit deinem Handy aufnehmen würdest, meinst du nicht auch?“

„Keine Chance! Ich weiß alles“, sagte ich. „Ich habe mit Jenna Jenkins gesprochen und mit Stacy Vance auch. Und ich war übrigens diejenige, die Jeremy Hopkins erzählt hat, was hier abläuft. Meine Freunde Toby und Emma wissen auch alles. Und versuchen Sie nicht, mir Schweigegeld anzubieten, die Mühe können Sie sich sparen. Ich bekomme schon fünf Pfund die Woche von meinen Eltern."

Wäre ich ein Hund gewesen, hätte ich aus meiner Ecke bestimmt ihre Angst riechen können. Aber wenn ihr es genau wissen wollt: Ich war auch nicht gerade entspannt. Schließlich stand es vier ausgewachsene Männer gegen ein kleines Mädchen, das sich nur mit einem Schild aus flauschigen Federn verteidigen konnte. Gegen eine etwas schlagkräftigere Waffe hätte ich in diesem Moment wirklich nichts einzuwenden gehabt.

„Schnappt sie euch endlich", krächzte Mr Franklin. „Egal wie!"

Sie stürmten alle gleichzeitig auf mich los – leider nicht schnell genug. Jede Löwin hätte ihnen sagen können, dass es strategisch am besten gewesen wäre, mich von verschiedenen Seiten einzukreisen. Stattdessen rannten die verrückten vier mit ausgestreckten Armen und grunzend wie eine Herde hirnloser Zombies hinter mir her, rempelten sich gegenseitig an und stolperten über die Möbel wie bei einer Clownsnummer im Zirkus.

Schnell und geschickt wie ein Ninja wich ich ihnen aus, glitt unter einen Tisch, sprang über eine Statue, schlug ein Rad über einen alten Armsessel, schwang mich an der Deckenlampe durch den Raum und landete – direkt vor Edwin, der mir hämisch grinsend den Weg zur Tür abschnitt.

Wie war er da so schnell hingekommen?

Im letzten Moment duckte ich mich zur Seite – seine Arme griffen ins Leere – und hechtete zu Boden, Mr Franklin zwischen die Beine. Ein gezielter Karatetritt nach links und schon kippte eine riesige Leinwand auf die Philips-Brüder. Zwei auf einen Streich!

Doch schon wieder tauchte Edwin wie aus dem Nichts vor mir auf und warf sich wie ein Rugbyspieler auf mich. Zu langsam!

Ich hüpfte wie ein Flummi durchs Zimmer und landete irgendwann neben dem weit geöffneten Fenster. Auf dem Fenstersims saß ein neugieriges Eichhörnchen, ehe es in der nächsten Sekunde erschreckt davonsprang.

Plötzlich passierte etwas Erstaunliches in meinem Gehirn. Wisst ihr noch, wie das mit den Verknüpfungen im Gehirn und den Sternen im Universum war? Das funktioniert so:

Du siehst ein Eichhörnchen. Das erinnert dich an Mrs Appleyards Film über Flughörnchen.

Dann merkst du, dass du immer noch die Schwanenflügel in der Hand hältst. Und plötzlich fällt dir Edwins Bemerkung neulich in Stacys Zimmer wieder ein, dass die Dinger angeblich so stabil sind, dass sie sogar dein Gewicht tragen könnten.

Dein Gehirn zählt eins und eins zusammen und meldet: „Segeln!“

Ich legte die Flügel an, zog die Schultergurte fest, kletterte auf das Fensterbrett und …

„Nein! Haltet sie auf!“

Als ich sprang, schlug mir der Wind hart ins Gesicht, dann fasste er unter meine Flügel. Wie auf unsichtbaren Luftschienen schwebte ich über die Straße, segelte über die hohen Mauern vom Sidney Sussex College – dort ließ der Wind abrupt nach und plötzlich ging es deutlich schneller runter …

„Guck mal da!“, rief jemand unter mir. „Ein Schwan!“

Runter, runter, runter, runter …

„Oh, mein Gott!“, schrie eine andere Stimme. „Das ist kein Schwan! Das ist …“

Mit einer nicht besonders eleganten Bruchlandung

machte ich gerade Bekanntschaft mit dem weichen Rasen vom Sidney Sussex College, als in perfektem Gleichklang zwei Stimmen an mein Ohr drangen, die ich gerade am allerwenigsten gebrauchen konnte: „SOPHIE MARGARET CATRIONA SPYCE!“

XI

Der Rest ist bekannt. Wahrscheinlich wollt ihr nicht hören, wie der Herzog und die Herzogin von Cambridge mich zur Ehrenbürgerin der Stadt ernannten. Zumindest hoffe ich, dass ihr es nicht hören wollt, denn nichts dergleichen passierte. Ja, Emma und Toby und ich waren darüber auch ziemlich empört.

Stattdessen passierte Folgendes: Meine Eltern ließen in einem hysterischen Anfall ihre Teller und Gläser fallen und sprangen herbei, um mich aufzusammeln. Anscheinend hatte der Rektor vom Sidney Sussex College sie zu einer kleinen privaten Gartenparty im College-Park eingeladen. Damit hatte ich ihnen gründlich den Abend verdorben, aber das waren sie schon gewöhnt. Mum und Dad schleppten mich sofort in die Notaufnahme, obwohl mir gar nichts passiert war. Okay, die schönen Schwanenflügel sahen etwas zerrupft aus und ich hatte eine Schramme am Knie, aber die war schon vorher da gewesen, das schwöre ich. Alle Partygäste, denen ich beinahe auf den Tisch geflattert war, einschließlich des College-Rektors, folgten uns zum Krankenhaus. Wie sie in ihren schicken Gewändern vor dem Eingang warteten, sahen sie aus wie ein Schwarm besorgter Raben.

„Lasst uns feiern, Freunde!“, rief ich meinem Fanklub zu, als ich triumphierend wieder herausspazierte. „Kein einziges Pflaster am ganzen Körper! Sunny Spyce ist vielleicht kein Schwan, aber sie ist hart wie Stein!“

Dann wurde ich zur Polizeiwache gebracht, wo erst einmal alle einen Lachanfall bekamen, als ich mein Handy auf den Tisch legte. Ich spielte die Aufnahme ab. Die Polizisten hörten sich alles an. Sie schrieben alles auf. Und sie sagten meinen kleinlauten Eltern, dass sie lieber auf mich hören sollten!

„Das sage ich ihnen auch schon die ganze Zeit, aber sie hören mir ja nicht zu. Stimmt's, Mum?"

„Was stimmt, Schätzchen?"

Ich geb's auf.

„Darf ich bei der Verfolgungsjagd in Ihrem Wagen mitfahren?", fragte ich.

„Welche Verfolgungsjagd?", kicherte der Inspektor.

„Die, mit der Sie die Franklins und Philipse schnappen."

„Ich denke nicht, dass es eine Verfolgungsjagd geben wird, Kleine", entgegnete der Inspektor, was ich wirklich sehr enttäuschend fand.

Es gab tatsächlich keine Verfolgungsjagd. Edwin Franklin und sein Vater, die so dumm gewesen waren, in der Kunstgalerie zu bleiben, wurden dort einfach von der Polizei aufgegriffen und nicht einmal in Handschellen gelegt. Die Philipse fand man im Fitzwilliam-Museum, wo sie gerade dabei waren, ihre Computer zu zerstören. Allerdings hatten sie nicht genug Zeit gehabt, um wirklich alle Informationen verschwinden zu lassen. Jenna Jenkins wurde durch einen Anruf des Inspektors geweckt. Stacy Vance wurde zur Polizeiwache geschleppt, um verhört zu werden.

Was Jeremy anging, nun, ich weiß auch nicht, warum, aber irgendwie habe ich seltsamerweise vergessen, seinen Namen gegenüber dem Inspektor zu erwähnen. Ich wollte es gerade tun, als mich ein Riss in der Wand ablenkte, der die Form eines Nilpferds beim Kite-Surfen hatte. Wenn man es genau betrachtete, hatte Jeremy ja auch gar kein Geld angenommen. Außerdem brauchte das *UniBlatt* ihn noch. Und ich vielleicht auch.

Und das war alles.

Ich hatte fest damit gerechnet, vor Gericht auszusagen, eine Rede zu halten, die alle zu Tränen gerührt hätte, und in allen Einzelheiten von meinem Abenteuer zu berichten! Ich hatte geglaubt, man würde Emma und Toby in den Zeugenstand rufen! Ich hatte gehofft, vom Hohen Gericht die Erlaubnis zu bekommen, Edwin, Mr Franklin und die Philips-Brüder öffentlich auszupeitschen! Ich hatte mir ausgemalt, dass die Queen höchstpersönlich mir die Hand schütteln und mich im Namen des ganzen Landes mit reichem Dank überschütten würde.

Falsch gedacht.

„Bist du fertig?"

„Aber Mum, ich kann heute nicht zur Schule gehen!"

„Und warum nicht, wenn ich fragen darf?"

„Weil ich gerade nur knapp dem Tode entronnen bin und mich mit heimtückischen Verbrechern herumgeschlagen habe! Weil ich dafür gesorgt habe, dass alle Welt wieder sicher und geschützt im Internet surfen kann! Weil ich eines der größten Unternehmen des Landes in die Knie gezwungen habe!"

Ungeachtet dessen wurde ich von meinen herzlosen Eltern ins Schlumpfmobil verfrachtet wie ein stinknormales Schulmädchen! Ich, Sunny Spyce, grandios geniale Meisterdetektivin und Geheimnis-Aufdeckerin! Unterwegs fiel mir dann ein, dass ich in der Schule allen von meinem tollen Abenteuer erzählen konnte, und ich beruhigte mich wieder.

„Bist du sehr sauer auf mich, Mum?"

„Warum sollte ich?"

„Weil dem College das ganze CoLink-Geld durch die Lappen gegangen ist."

Mum lachte. „Wenn es zum Gerichtsverfahren kommt, werden wir ganz bestimmt eine noch viel größere Summe als Entschädigung erhalten."

Mehr Geld. Mehr Geld. Sogar noch mehr Geld.

„Kann ich eine Taschengelderhöhung bekommen?"

„Nein."

„Nur zehn klitzekleine Pfund die Woche?"

„Nein."

„Dann neun."

„Nein."

„Sieben? Sechseinhalb?"

„Sechseinhalb, ab deinem nächsten Geburtstag."

„Aber das ist erst in sechs Monaten!"

„Dann hast du Zeit, dich an den Gedanken zu gewöhnen, über eine so große Summe Geld zu verfügen."

Als ich am Nachmittag aus der Schule kam, lag auf meinem Bett eine elektrische Gitarre.

Manchmal sind meine Eltern ziemlich cool.

Und wisst ihr, was? Eigentlich macht es gar nichts, dass ich keinen Orden von der Regierung oder den Friedensnobelpreis bekam. Grandios geniale Meisterdetektivinnen haben so etwas überhaupt nicht nötig. Ihnen reicht schon das befriedigende Gefühl, gute Arbeit geleistet zu haben, was ich von mir in aller Bescheidenheit behaupten konnte. Reichlich Nervenkitzel und jede Menge seltsame Fortbewegungsmittel waren auch dabei gewesen.

Es war ein komisches Gefühl, als in der Schule plötzlich alle mit ihren coolen Handys Fotos mit mir machen wollten. Aber ich muss sagen, man gewöhnt sich erstaunlich leicht daran, im Mittelpunkt zu stehen. Das legte sich aber auch schnell wieder, als Suzanne Windermere ihre neue Zahnspange mit rosa Glitzer bekam.

☆☆☆

„Sophie, du hast Besuch." Dads Tonfall nach lauerte ein gefährlicher Ork vor meiner Tür, der sicher gleich versuchen würde, gewaltsam in mein Zimmer einzudringen.

„Oh, hallo, Jeremy!"

„Hi, Sunny. Darf ich reinkommen?"

„Klar, wenn du nicht so ein Chaos anrichtest wie bei dir.“

Er setzte sich auf das Fußende meines Betts. „Also wegen dieser CoLink-Geschichte, ich wollte nur sagen …“

„… dass es dir sehr leidtut und dass das viele Geld dich um den Verstand gebracht hat, ich weiß.“

„Nein, das wollte ich eigentlich nicht sagen.“

„Nicht? Was dann?“

„Ich wollte sagen, dass du vollkommen übergeschnappt bist, total hirnrissig, dich einfach so aus dem Fenster zu stürzen! Versprich mir, dass du so etwas nie wieder machen wirst!“

„Na gut. Aber nur, wenn du mir von deinem nächsten Schmiergeld einen Hubschrauber kaufst.“

Er wurde puterrot. „Okay, vielen Dank, dass du niemandem was davon erzählt hast, Sunny. Ich, äh, ich weiß das sehr zu schätzen. Ich verstehe selbst nicht mehr, was in mich gefahren ist. Also, noch mal danke und – du weißt schon – es tut mir leid und so.“

„Es sei dir vergeben, mein Kind. Das sagt mein Dad immer. Nur zu mir nicht, als ich auf meinen Rollerskates den hässlichen Jadelöwen im Wohnzimmer umgefahren habe.“

„Ich bin noch wegen einer anderen Sache da. Die Universität hat Jenna trotz der ganzen Geschichte wieder aufgenommen, allerdings wird sie nicht mehr für das *UniBlatt* arbeiten. Ich bin jetzt der neue Chefredakteur.“ Jeremy senkte die Stimme. „Und ich brauche eine unerschrockene Ermittlerin an meiner Seite. Jetzt wo wir wissen, dass du eine Meisterdetektivin bist, und noch dazu eine unbestechliche.“

Das Letzte flüsterte er beinahe. Mum und Dad, die bestimmt unten an der Treppe lauschten, mussten ja nicht alles hören.

„Das wäre das Allerfantastischste überhaupt! Wahnsinn! Wow, ich habe einen Job – das ist einfach – einfach …“

„Schon gut, schrei nicht so. Dein Name wird natürlich nicht im *UniBlatt* auftauchen, aber wenn ich dich anrufe und bitte, über irgendjemanden etwas herauszufinden …“

„Wen rufen Sie an, bei Not am Mann? Sunny Spyce!“, sang ich.

„Passt nicht ganz. Aber egal. Ich werde versuchen, dir keine allzu gefährlichen Aufträge zu erteilen …“

„Mit Gefahr komme ich klar!“

„Das bedeutet aber, dass du dich im Hintergrund

halten musst und nicht damit angeben darfst, wenn du tatsächlich etwas herausfinden solltest.“

„Kein Problem. Solange ich der Allgemeinheit dienen kann, bin ich zu allem bereit. Das ist schließlich meine Mission. Meine Berufung. Meine Verantwortung.“

Wir besiegelten unsere zukünftige Zusammenarbeit mit einem kräftigen Händedruck und teilten uns einen meiner Lieblings-Crunchy-Schoko-Cookies. Kater Mortimer schnappte sich Jeremys Hälfte, wo-

rüber der ein bisschen sauer war, aber eigentlich hätte er damit rechnen müssen. Wenn Raubkatzen in der Nähe sind, sollte man seine Beute nicht unvorsichtig herumliegen lassen.

„Okay“, sagte ich, „wann geht’s los?“

„Zufälligerweise habe ich gerade heute Morgen einen Anruf bekommen: Jemand hat seltsame Geräusche gehört, die aus dem Keller vom Clare College kamen …“

Danksagung

Ich habe noch nie eine Danksagungsseite geschrieben, aber zu der Entstehung von Sunny Spyce haben so viele Menschen beigetragen, dass ich dieses Mal nicht länger so tun kann, als hätte ich alles allein gemacht.

Das Christ's College war in den letzten sieben Jahren meine Heimat. Hier bin ich aufgewachsen, genau wie Sunny. Ein ganz besonderer Dank geht an Don und Tod, die beiden Pförtner, die zu der Geschichte sehr viel mehr beigesteuert haben als nur ihre Namen, und an den Rektor, Professor Frank Kelly, der denkt, dass Sunny sich etwas mehr auf ihre Hausaufgaben konzentrieren sollte.

Vielen, vielen Dank auch meinen Bücherfreundinnen Anna, Lauren und Erin, die mir während der vergangenen zwei Jahre, seit ich angefangen habe, auf Englisch zu schreiben, in allen Höhen und Tiefen wunderbar zur Seite gestanden haben. Genau wie meine Mum es seit mittlerweile zwanzig Jahren tut, seit ich meine ersten Wörter auf Französisch geschrieben habe. *Merci Maman!*

Meine Professorinnen, Maria Nikolajeva und Morag Styles, haben mich wie zwei gute Feen begleitet. Sie haben mich alles gelehrt, was ich über Kinderliteratur weiß, und hatten keinerlei Bedenken, dass ich neben meiner Doktorarbeit auch noch Bücher geschrieben habe.

Kirsty McLachlan ist die liebenswerteste Agentin, die man sich vorstellen kann, und ist auch in zwei der schwierigsten Phasen immer bewundernswert ruhig geblieben: erst keine Verleger und dann zu viele. Ihre Anregungen und Ratschläge treffen immer genau ins Schwarze. Was meine Lektorin Ellen Holgate angeht, so hätte ich mir für die Zusammenarbeit keine engagiertere, kreativere und humorvollere Freundin wünschen können.

Und nicht zu vergessen: Simon. Den größten Teil dieses Buches habe ich begleitet von deinem virtuosen Klavierspiel geschrieben. Du warst einer der Ersten, der es gelesen hat. Ich werde immer mit großer Zärtlichkeit an unsere gemeinsamen Jahre denken.

Ein neuer Fall für

Sunny Spyce

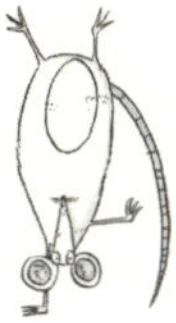

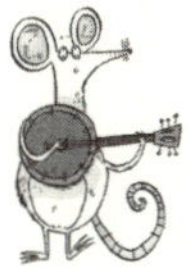

Clémentine Beauvais
Illustriert von Sarah Horne
978-3-7348-4003-6
€ 12,95 (D), € 13,40 (A)